U0072640

每週來點正能量

52招跨越生活障礙

溫小平◎著

我用我的生命傳遞正能量

從小到大，面對生活上的各種困境，我沒有逃避，而是迎面接受挑戰，跌跌撞撞之中，受傷、流淚、痛苦、心碎，勇闖許多關卡，克服了人際關係的障礙，學習了各種本事，讓心裡的難處一一化解，同時，一旦發現日常生活出了問題，就努力找到實際可行的方法去解決。

我克服了上臺不敢說話的「舞臺恐懼症」，到各大中小學演講、各公司行號分享，甚至出國演講，對象包括學生、家長、老師、上班族、銀髮族。

破銅鑼嗓子的我除了主持廣播節目超過二十年，我還出版音樂創作CD，旅行四十幾個國家（半數以上是以自助旅行的方式完成）。

小學參加作文比賽名落孫山的我，如今出版了一〇三本書（你現在讀的這本書，就是第一〇三本）。更重要的是，我書寫的類別很廣，包括小說、散文、童話故事、少年成長故事、旅遊書、戀愛婚姻家庭親子書、健康美容減肥書，還有廣播劇、舞臺劇、電視劇。獲得很多次小說獎、童書獎、好書獎。就因為我喜歡日新月異，不喜歡原地踏步。

國內少有作家像我出版這麼多本書，而且類別如此之廣。更重要的是，我還在持續創作中。

或許你們會說，我本來就才華洋溢、天資聰穎，所以才有這些成就。錯啦！當我在基隆鄉下念小學時，成績的確是名列前茅，可是，當我到臺北念中學之後，才知道天外有天、人外有人，我這隻井底之蛙，看到的只是一片小小天空。於是，我放下驕傲、學習謙卑，我牢牢記取「勤能補拙」這句成語，努力不懈。

很多比我有才華的人已經停筆或是退休，而我，仍在繼續耕耘、撒種、施肥、修剪，讓生命樹茁壯，然後蔚然成蔭。

我永遠記得自己小學時的夢想和志願，那就是為國家贏得「諾貝爾文學獎」，雖然看起來是那麼遙遠，但這個心願卻成為推動我向著標竿直跑的拚勁和戰鬥力，無論最後結果如何，即使沒有得到獎項，我卻得到上帝給我的最大獎賞。

千萬不要遇到困難就選擇放棄，我遭遇的每個困境，換了別人，真的會很難受，無以為繼，甚至乾脆放棄自己。我沒見過爸爸，當年迷信的媽媽不准我叫她媽媽，我幾次意外、車禍、溺水、重病，跟死神擦肩而過，我考大學殿後，傷心得曾經想要自殺，我戀愛、相親幾十次，都以失敗收場……。

我到底是怎麼走過來的？你想知道嗎？你想從我的實際經歷閱歷、心路歷程中，挖到寶藏嗎？

雖然要再次面對過去的自己，揭露隱私，但只要對遭遇挫折困難的你有所幫助，我嘔心瀝血的這些篇章，就值得書寫出來。

所以，我決定不藏私，誠心誠意提供我個人的抗敵祕方，傳遞正能量，只要你願意改變自己，即使在天空灰暗時，也能擁有花開燦爛的心境。你不需要上網刷存在感，或是跟人討拍討個「讚」字，你依然可以跨越障礙，活出與眾不同的美麗且快樂的人生。

目錄

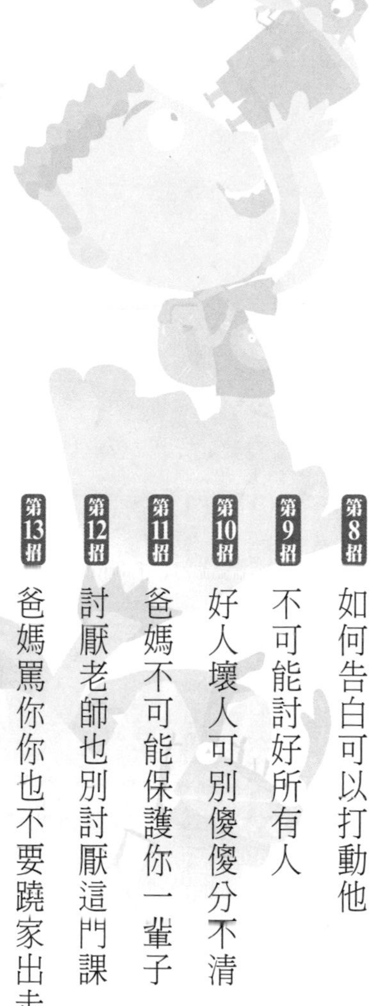

跨越心理障礙

跨越生活障礙

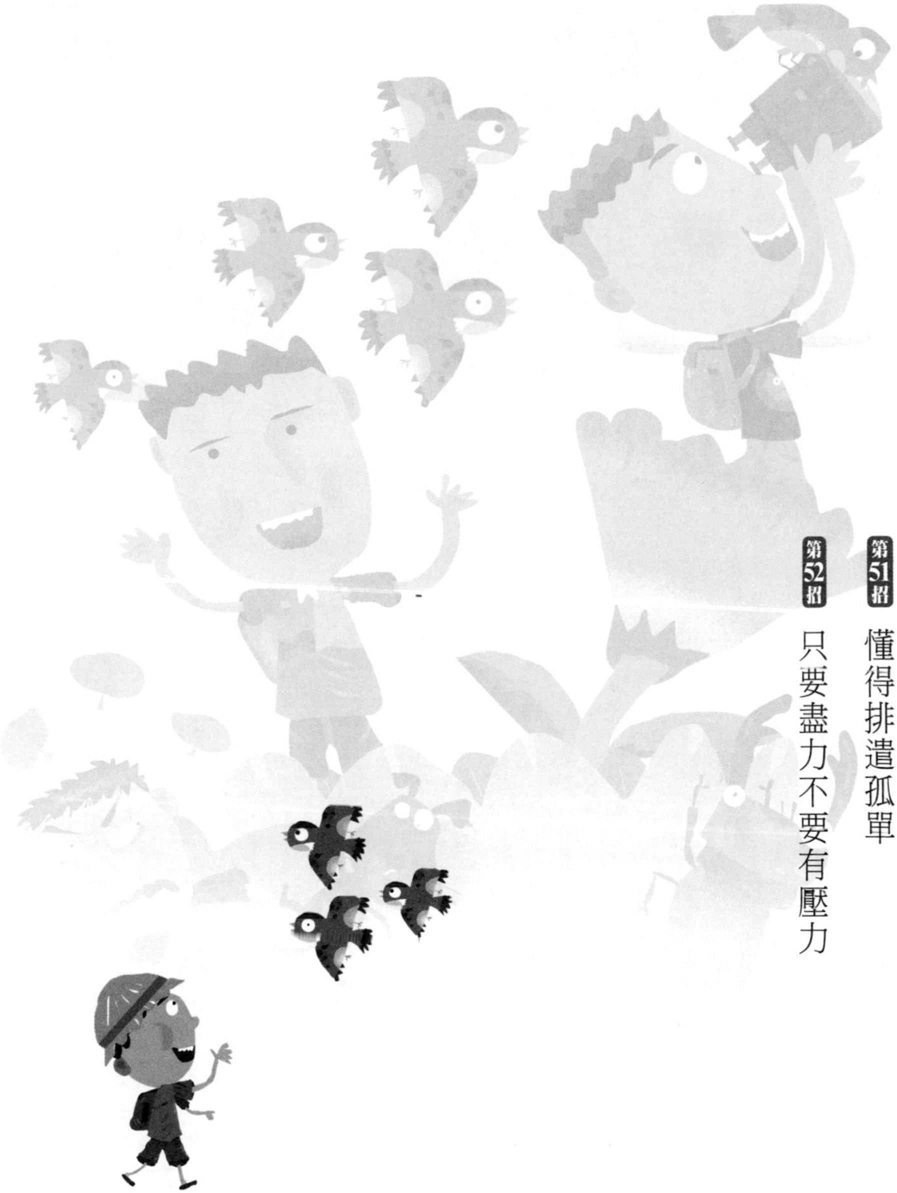

跨越人際障礙

友誼圈可大可小，只要找到真心好朋友

第1招

打破交不到朋友的迷思

友誼不能勉強，唯有真心付出，才能得到好人緣。

只要有兩個以上的人，就有人際關係的問題，有些人很容易交到朋友，好比吸票機，吸走所有的人緣。有些人則是很想交朋友，卻怎麼也找不到。

小可就遇到這樣的難題。他是越區就讀，每天放學都是爸媽來接，不像同學可以三五成群一起走路回家。他很努力想跟大家做朋友，可是，好不容易鼓起勇氣接近同學，大家卻把他當成流行性感冒躲得遠遠的。

他曾經試著跟爸媽要求，不要來接他，讓他跟同學一起放學，可是，大家已經習慣相約同路回家，他即使刻意接近其中的同學，大家還是快步離開，讓他十分痛苦。

有人緣的人具有什麼特色？

你不妨回想一下，幼兒園、小學時，那些有人緣的同學有什麼特色？除了長得漂亮帥氣、成績優秀之外，應該還有其他原因，最常見的就是，他們很愛笑，很樂觀，說出來的話讓人聽了很開心。

接下來再觀察一下，你希望接近的朋友有何特色？他做事認真負責、他各方面很出色、他很有領導魅力，還是，他常常幫助別人？是個很陽光的人？這些人的優點就是值得你效法學習的。可是，這種人緣極佳的人身邊通常已經圍著很多朋友，不差你一個，除非你也吸引他，否則他為什麼要跟你交往呢？

所以，真想找朋友，先不要把最亮的星星列入交友名單內。不妨檢討自己，想要打入團體生活，結交朋友，你的個性很重要，整天臭著一張臉、唉聲嘆氣、愛哭愛生氣，或是道人長短、說些損人不利己的話，沒有人會喜歡這種陰雨天氣打雷又閃電的人？

勉強的友誼不持久

結交朋友是勉強不來的，更不能用錯方法。太過勉強，交往一陣子後，可能就撐不下去，更是禁不起任何考驗，一點風吹草動，或是有人說你的閒話，友誼就煙消雲散。

國中時，我很喜歡交朋友，每個月初領到媽媽發給我的當月飯錢，就吆喝好幾位搭火車通勤的同學，去基隆廟口吃甜不辣或蚵仔麵線，足足花掉我差不多半個月飯錢，我還闊氣的說，「小意思，小意思！下次我再請客。」

即使如此犧牲小我，他們也沒變成我的好朋友，一旦我沒錢再請客，我不確定他們是否還會跟我一起玩、一起聊天？

所以，交朋友要順其自然，千萬不要勉強，也不要學那些用錢或玩具來換取友情的人，他們的朋友多半是有目的的親近他，所以不用羨慕他們。

援手。

主動幫助友情自然慢慢來

那麼該怎麼做呢？就是主動幫助別人，沒有任何企圖的心甘情願付出愛。例如幫請假的同學記錄上課重點，或是攙扶跌倒的同學去醫務室，視情況而定，伸出援手。

我曾經參加不少訪問團，可是，大都是獨來獨往，主要是我跟大家不熟。某次搭遊覽車時，有位團員暈車嚴重，吐得七葷八素，卻沒人理她。我連忙拿了塑膠袋遞給她，等她吐完，又拿面紙給她擦臉，幫忙處理善後。對我來說，不過是舉手之勞，沒想到，以後每次在訪問團裡遇到她，她都主動跟我打招呼，或是跟我坐一起聊天。

從那以後，我慢慢學著在團體活動中，主動表示可以幫忙年長的團員，或是清點人數。雖只是小事，大家開始樂於親近我。所以，你可以學著做大家的好同學，先求有朋友，再求好朋友。

有效跨越障礙

除了加入人群，保持喜樂的心，積極樂觀之外，那就是做個陽光男孩、陽光少女，主動走出陰暗的角落，伸出友誼之手、改掉自己的缺點，勇敢的站在陽光之下。

第2招

即使遭到嘲笑也要善待自己

提高你的自信，讓嘲笑化為泡影。

某國一女生因為在LINE的群組中遭到嘲笑，甚至大家對她的貼文都是已讀不回，她傷心難過得自殺，雖然後來被救回性命，但是她的心靈創傷卻難以復原。你一定也不喜歡遭到嘲笑，偏偏我們的成長過程中，就是會遇到這樣的人。

個子嬌小的芳苑，在班上的合照中，常常都像個隱形人，被其他同學遮住了身影，除非老師特別注意到，否則她只能默默吞下委屈。因為老師的爸媽個子也都不高，嘗過被高個子欺負的滋味，所以老師經常提醒芳苑，要努力爭取前面的位置，不要被淹沒了，最好的方法就是得到優良成績，可以站上臺領獎，讓大家看到她。

即使如此，同學依然會嘲笑她，「長得這麼矮小，給你樓梯都爬不上臺，你是不是走錯國家，從小人國到了巨人國？」讓芳苑傷心欲絕，為什麼她的同學這麼沒有同情心？

為何世界上會有愛嘲笑的人？

有同情心的人其實並不少，只是，愛嘲笑的人卻往往站在人前，加上他們的話語殺傷力驚人，很容易凸顯出來。如同新聞臺經常報導殺人案，但不表示到處都有殺人犯。

就好像有晴天有雨天，有好人也有惡人，他們見不得別人好，或是喜歡拍馬逢迎那些愛霸凌人的人，若是沒有人糾正或勸導他們，他們就會變本加厲，以嘲笑羞辱人為樂事，如果不小心中了他們的圈套，那更是傷痕累累。

如何消弭別人的嘲笑？

嘴巴長在別人臉上，想要消弭嘲笑，並不容易，除非你能表現得不在意，而且變得更堅強、有自信。當嘲笑你的動機消失了，他們自然就不會繼續嘲笑你。

出生沒多久就失去爸爸的我，每次跟鄰居小孩一起玩遊戲，他們只要輸給我，就會笑我是「沒有爸爸的小孩，水溝裡撿來的小孩。」孫悟空還是從石頭裡蹦出來的，我的命運竟然比孫悟空更慘。

於是，我想辦法用好成績震住他們，又因為我成績好，被老師注意到，似乎也多了一層保障。

未料，男生成績贏不過我，就拿我的身材開玩笑，嘲笑我「上半身進了教室，屁股還在外面。」這麼一笑，讓我直到進入社會還不敢穿長褲，就擔心別人發現我有一個大屁股。

後來，我開始學習接受自己的臀圍，選擇適合的服裝修飾它。同時我也明白，我找工作，老闆不會問我的臀圍，他在乎的是我的能力；我談戀愛，在乎我臀圍的男生表示他是個重視外表的人。我有了自信，又怎麼會害怕別人嘲笑呢？

遠離愛嘲笑的人

仔細研究那些愛嘲笑的人，你會發現，他們有時只是為了好玩、故意逗我們，喜歡看我們生氣、哭泣，我們愈氣愈哭，他們嘲笑得更厲害。這種人千萬不要理他，幾次以後，他發現沒有樂趣，也就不再嘲笑你。

有的人是藉著嘲笑別人來墊高自己，也就是先下手為強，怕別人發現他的缺點嘲笑他。這種人就要他把罵你的話吞回去，堅定的告訴他，「我不是這樣的人。」（可參考《我是劉乃蘋》幼獅文化）

還有人喜歡欺負弱小，顯示他的威風。其實這種人很可憐，他在家裡得不到足夠的愛，心靈空虛，甚至異常自卑，只好用自大來膨風自己。如果你有勇氣有愛心，不妨反過來對待他，多關心他，藉著他生病或考試成績殿後的時候，善待他、同情他，甚至幫助他，久而久之，說不定你們會成為好朋友呢！

永遠要記住一件事，無論別人如何嘲笑你，你都不能放棄自己、討厭自己。每個人都是獨一無二的寶貝，找出自己的好、自己的美、自己的帥，先學會肯定自己，別人嘲笑你，你自然就無動於衷、不受影響了。

第3招

不要怕被排擠圈圈之外

無論你在圈內圈外，都要快樂度日。

通常，在許多團體生活中，例如學校，比較投契的人習慣聚在一起，甚至排擠別人，他們喜歡自己的圈圈，當然容不下別人。

承諺希望跟大家都能做好朋友，所以他對班上同學都很友善，跟他們說早安，主動幫助他們，相約去逛街、打電動或是寫功課。

好景不常，同學放學不再找承諺一起回家，說是要跟別人打球。承諺去同學家找他，同學明明在家，卻要媽媽告訴承諺，他不在家。承諺上學時，卻看到他跟其他同學有說有笑，承諺忍不住問他，「你為何不理我？」

他的理由是，「你很煩耶！只會訴苦、說你哥的壞話。而且XXX家好有錢，可以去他家玩遊戲、吃巧克力。」

承諺哭了又哭，哀求又哀求，同學卻跑得更遠，對他更加冰冷。

為什麼有人喜歡小圈圈

每個人的喜好不同，對朋友的品味自然也不一樣。這就是物以類聚的道理，交往久了，他可以感覺出來自己跟誰比較投契。

同時，在一個人多的團體裡，例如學校班級或夏令營……他覺得在小圈圈裡比較有安全感，不會被冷落忽略；也可能是他向來弱勢，希望有人保護他，就會選擇有權有勢的人組成的小圈圈，倚靠那些人罩他。

為何他背叛原來的小圈圈

每個人都有權利選擇自己喜歡的小圈圈，他離開原來的小圈圈，原因很多，可能是相處過後覺得合不來，既然別人向他招手，他自然飛奔而去。也可能是他比較現實，喜歡跟成績優秀、家境富裕或是長得帥氣漂亮的人在一起，可以沾點光，好像他也變得比較出色。

另一種可能是你無意間說錯話，刺傷了他……

如果是彼此間有誤會，那就解釋清楚；若是別人造謠、說壞話，你如果解釋過了，他卻選擇相信別人，而離開你，只能期待有一天能夠澄清事實真相。

不一定要加入小圈圈

我的中學時代，因為家裡離學校遠，所以很少有時間跟同學培養放學之後的感情，自然難有好朋友，被畫在許多圈圈之外。我曾經試圖闖入其中的圈圈，卻無法真正融入他們。後來覺得這樣太累了，乾脆放棄加入小圈圈的念頭，自由穿梭在所有圈圈之間，想出來就出來、想參與就參與，跟誰都可以做朋友，我反而快樂得多。

與其念念不忘已經離開你的同學，倒不如另外尋找好朋友。當你的朋友變多之後，一、兩個不理你，對你造成的傷害就不會那麼嚴重。說不定也有人跟你一樣，不喜歡畫小圈圈。更有可能的是，那個朋友又回頭找你，要不要接受他，決定權可是在你手中喔！

有些小圈圈的形成，是因為彼此有共同的愛好，例如：唱歌、運動、郊遊、電動，甚至讀書。你真的想打入他們，就培養共同的興趣吧！

獨來獨往看似寂寞孤單，卻自有一片天空。朋友在精不在廣，只要有真正的好朋友，無論是否在圈圈之內，並不那麼重要。

別做說話得罪人的討厭鬼

言語中帶著刺與咒詛，誰都討厭；言語中帶著愛與和氣，誰都喜歡。

人際關係不佳時，多半是我們的言語或行為惹人討厭，所以，我們必須時時提醒自己，或是從別人身上找榜樣，改善自己。如果你照樣我行我素，就會把所有人都得罪光。

晴晴每次開口說話，都嚇跑一堆人，原來是她說話不得當，常常把大家氣得半死，例如大家正在擔心第二天郊遊會下雨，她立刻說，「下雨才好呢！我剛剛買了一雙雨鞋。」

要不然就是英文老師臨時要抽考，全班幾乎怨聲載道，她卻說，「我剛好讀完這一課，我最喜歡老師抽考了，這樣才考得出實力。」

你是像晴晴這樣的人嗎？說話常常踩到地雷，老是傷到人，你卻不自覺。

什麼樣的話才正面？

好話人人愛聽，聽了舒服，就會受到激勵。假使你考試成績差，發下考卷時，已經很傷心了，同學卻說你，「天生注定不是讀書的料。」你感覺如何？

如同林書豪當年剛進入NBA打籃球時，不斷受到歧視，說他是賣餛飩的，或是譏笑他的瞇瞇眼是否看得到籃框？就因為他是黃種人。幸好林書豪選擇摀起耳朵，不去在意他們的話，否則籃壇就不會吹起這股「林來瘋」了。

正面的話就是讓別人開心的話，肯定別人、讚美別人，不但可以激勵人，也讓別人樂於親近你。

不想昧著良心說假話怎麼辦？

你覺得違背良心說假話，你做不到，對就是對、醜就是醜、不想去就是不想去，為什麼為了怕別人生氣就說假話？

當你看到別人換了新髮型，你覺得不好看，就直接說「好醜」嗎？問題是，他已經剪了新髮型，你的話於事無補，反而讓對方氣得不想理你。所以，你不妨婉轉說，「你可以把前後髮型的照片做個對照組，請大家投票。」讓大家的意見替你說話，也讓他明白新髮型真的不適合他。

若是投票結果跟你背道而馳，也可能是出於你的主觀，別人卻認為新髮型還挺適合他的。

不八卦不抹黑也不做傳聲筒

有人曾經做過票選，「你最討厭的十大爛人」，其中高踞榜首的就是說八卦的人，這麼做損人不利己，卻有不少人樂此不疲。尤其是網路上，最常出現這樣的人，好像他躲在網路後，大家就不知道他是誰，他就可以不負責任。曾有一位女藝人就是被網路霸凌後自殺的。

所以，從小就要學會，不要加入傳聲筒行列。謠言止於智者，八卦也應該止於渴望友情的你。如果你常常暗箭傷人，說人是非，試問，有誰喜歡跟你在一起？心中常懷愛心，你的面容會變得美好和善，大家也樂於跟你相處呢！

有效跨越障礙

記住，忍耐再忍耐，多想想再說出口。先問自己這是好話嗎？一定要說嗎？別人如果用同樣的話說你，你的感受如何？同時，記錄下來，別人稱許你的地方。並且多觀察人緣好的人的話術，或是參加成長課程，能改善你的說話技巧。

第5招 真心朋友只要用心就找得到

近在眼前，還是遠在天邊？不妨從關心身邊的朋友開始。

當我們覺得孤單傷心或軟弱時，好希望有朋友在身邊，陪伴我們、傾聽我們，甚至幫助我們。可是，茫茫人海中，會不會像大海撈針，怎麼撈都撈不到好朋友？

小樂某天晚上難過得要命，成績考砸了，喜歡的男生拒絕了她，爸媽又在鬧離婚，她覺得簡直就是世界末日，拿起手機，卻不曉得要撥打給誰？即使打了，她也不確定對方是否會安慰她，或是立刻衝過來陪伴她？

什麼樣的朋友是知心好友呢？

知心好友就是他懂你、了解你，無論別人如何論斷你，甚至遠離你，他卻是不離不棄，始終跟著你。而且，他懂得彼此付出，而不是只有你不斷給予。同時，他也能帶給你正面影響，甚至以誠相待、直言不諱，做你最好的鏡子。

清朝歷史上，康熙皇帝孩子之中的四阿哥和十三阿哥，他們除了有兄弟之情，更像好朋友，當所有人都背棄、疏遠四阿哥（後來的雍正皇帝），十三阿哥卻幫助他、鼓勵他，甚至當雍正登基後，十三阿哥還輔佐他，彼此信任幫助。

慢慢培養彼此感情

知心好友必須慢慢培養。因為已經是朋友，彼此都認識，只差臨門一腳，讓你們變成麻吉，那就要花時間一起寫功課、一起逛街、一起參加夏令營，漸漸覺得興趣相投、個性近似，變成好朋友。

另外，不要只守著幾位朋友守株待兔，不妨試著拓展友誼圈，參加各種社團、才藝班、夏令營或國外的志工團，尋找志同道合的人。尤其是志工團體，都是希望付出愛心的人，很渴望達到「愛人如己」的境界，最容易擦出友誼的火花。

有很多朋友，卻缺乏知己，這就表明知己難尋。想找到知心好友之前，別忘了，先讓你自己成為這樣的朋友，久而久之，自然吸引到這樣的人成為你的朋友。

當然，你不可能讓所有人喜歡你，即使短期內找不到，也不要氣餒或絕望，依然保持你的美好心性。

第6招

沒人規定他只能喜歡你一個人

是自私還是沒有安全感？你渴望擁有對方全部的愛。

你認為，無論是同學、朋友、老師或爸爸媽媽，就只能喜歡你一個人，你希望擁有他們完整的愛。一旦這份愛分了出去，即使只有一點點，你都會氣得發瘋、抓狂。這樣對嗎？

小茹剛轉學到新學校，還不認識新同學，這時南茜主動關心她，邀她一起回家寫功課，漸漸的，兩人開始同進同出。後來，小茹跟其他同學也慢慢熟悉，有時候放學也會跟別人喝飲料、逛街或聊天。沒想到，南茜竟然找人揍了另外幾個女生，甚至威脅她們，「離小茹遠一點，否則要你們好看。」

小茹知道了，並不感激南茜如此重視她，反而嚇得不敢接近南茜。後來她才知道南茜獨占欲很強，以前也發生過類似情況。

全部的愛突然被分割

現今的家庭普遍孩子生得少，如果你是家中唯一的孩子，又是三代單傳，不管是男是女，都是三千寵愛在一身，爸媽、爺奶、外公婆的愛全都毫無保留給了你，你習慣擁有這麼多，怎麼可以被搶走。

這種獨占欲會在成長階段逐漸形成，渴望所有的掌聲只屬於你一個人，跟同學格格不入，很難融入團體生活，經常遭到排斥。

進了社會才是大麻煩，你吃不得一點苦，也受不了任何批評，主管稍有偏心，就大發雷霆，到最後只能失業在家。

為什麼獨占欲這麼強烈？

多半是因為你一直缺乏愛，好不容易遇到一個對你好、喜歡你的人，就會像即將溺水的人，緊緊抓住手中的飄浮物，深怕離開這個人，就什麼都沒有了。

一旦結交異性朋友，醋勁也很大，不准他們看別的異性或跟別的異性說話。只要對方變心或跟你分手，誰知道你會做出什麼樣可怕的事。

修正你的獨占欲強度

如果發現自己有類似傾向，不妨照著下面的方法及早修正你的想法，或是尋求心理輔導的協助。

・強化你的心理建設。每個人都可以喜歡許多的人，例如爸媽愛你，也可以關心其他貧困兒童，老師會喜歡其他同學，藝人也可以有許多粉絲，愛，是可以分享給許多人的。他們的喜歡，是可以分享的，絕不是專屬你一個人的。

・擴大生活圈。生活圈狹窄的人，心胸也會狹窄，小圈子裡容不下別人。不妨多交一些朋友，才不致因為少了一個朋友，就覺得活不下去。

・讓你的愛尋找出口。如果水庫只有一個出口，淹大水時，來不及宣洩，就會氾濫成災。你的愛也是如此，你可以多關懷其他的人，例如：擔任志工去愛更多的人，或是學習新的事物，分散你對某人的專注力。

・尋找生命意義。沒有人可以陪伴我們一生一世，他們總會離開我們，太過倚賴他們，那時候你怎麼辦？所以要學會自己好好活，也要懂得讓自己的生命發光發熱，而不是把焦點放在他們身上。

先找一件自己有一點點喜歡的物品送給別人，感受一下，別人的喜樂，是否帶給你喜樂？然後再挑一個自己喜歡多一點的物品送出去。從身邊的小事小物開始，學習分享，分享蛋糕、分享玩具，把好消息告訴別人。慢慢的，你就會了解，分享是一件很棒的事情，勝過你獨自擁有。

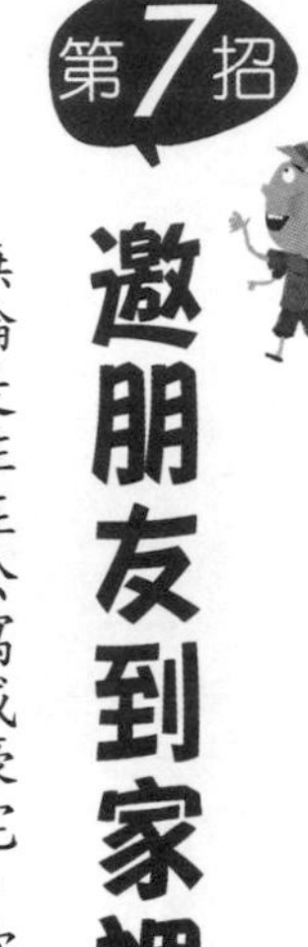

邀朋友到家裡玩並不難

無論是住在公寓或豪宅，你要先愛自己的家。

每個人的成長階段，都有這樣的經驗吧！就是渴望邀請同學到家裡玩或是寫功課，藉此表示彼此很麻吉，更能建立深厚友誼。可是，卻擔心沒有人會喜歡到你家玩。

當竹君邀同學去她家參加生日派對，大家都很興奮，因為去過的人都知道，她們家訂的是五星級飯店的外燴，不但餐點豐盛，餐後還有遊戲、摸彩。

大家討論著要穿什麼衣服？要帶什麼禮物？小玟卻好自卑，她不但穿的是二手衣物，媽媽更不可能給她錢買禮物送竹君。她好羨慕竹君家簡直就像皇宮。

小玟家呢？狹窄的公寓四樓，二十幾坪的空間，住了六口人。他們全家圍在既是料理桌、飯桌也是書桌的桌上吃飯，媽媽的菜餚都是黃昏市場買來的菜蔬烹煮的，如果邀同學到她家，肯定不會有人想來玩。

如果遇到比較虛榮、勢利眼的同學，的確有可能瞧不上你家的平凡與簡樸，與其邀請這樣的同學，不如想想看，是否有不看重物質，卻重視友誼的同學呢？

我的熱情卻被說成小氣

我念中學時，同學聽我描述我家門前有小河，颱風過後可以撈魚，河邊滿是水薑花，夜裡處處是蛙鳴，一輪皓月就在我的窗邊，他們紛紛說要到我家玩。那正是炎熱的夏天，媽媽熬了綠豆稀飯，做了好幾道拿手小菜，有我最愛吃的海帶絲炒肉絲、辣炒西瓜肉、三色蛋……，感覺上，同學們都玩得很開心。沒想到，有些同學竟然說我家小氣，只給他們吃稀飯，還有西瓜皮這些不入流的菜，害他們餓死了。我的心都碎了，再也不敢邀同學到家裡玩，並且跟這些同學保持距離。

跟家庭背景類似的同學交往

通常，經濟環境落差比較小的同學之間，比較會互相邀請，例如軍公教和軍公教，有錢人和住豪宅的，比較不會太過驕傲或自卑。但是也有例外，不是所有人都這麼大小眼。

富人也會跟窮人做朋友，只是，通常大家習慣跟同溫層或父母職業類似的人交往。你不需要為此生氣難過。

直到我念大學時，再度鼓起勇氣邀請同學到家裡玩，許多人對我媽媽準備的宵夜讚不絕口，我甚至一連舉辦好幾次生日派對呢！

誠心開放你的家

讓你的家成為舒服的所在，不為此自卑，這是很重要的。若連你都嫌棄自己的家，動不動就跟同學說你爸酗酒、你媽賭博，你好想離家出走，誰會想到你家玩耍呢？

所以，只要你願意敞開自己的家，房子雖小卻窗明几淨，媽媽的拿手好菜吸引人，溫暖和氣的家人讓人樂於親近，甚至自己學幾道點心，誠心誠意邀請跟你談得來的朋友。真正的好同學好朋友，他不會在乎你家擁擠的空間，反而會跟你一樣，擠在陽臺小屋的床上，一起做夢談心，甚至愛上你媽媽拿手的紅豆湯呢！

你如果不愛自己的家，誰會愛呢？所以，無論家境如何，都要對自己的家有信心。如果不願意，就不要勉強開放家庭，或是，剛開始先邀請一兩位，事前也可以先跟他們說，你家沒有昂貴的電玩遊戲，或是進口的水果點心，有的是熱情與愛心。

第8招

如何告白可以打動他

表白後是否被接受，都要有心理準備。

某個場合，你的眼光突然被某個人吸引住了，從此朝思暮想。你很想告訴他，然後你們就可以一起談心、寫功課，讓他變成專屬於你的朋友。可是，萬一他不喜歡你，或是拒絕你，那不是糗大了。

當小凱去同學家玩時，喜歡上同學的妹妹，從此，他的心神、生活全都受到影響，不斷找機會到同學家，也希望告訴同學妹妹，他喜歡她，想跟她做朋友。

只是，同學告訴他說，有很多人喜歡他妹妹，他不可能有機會。一天天過去，小凱不斷掙扎著是否要跟她表白？萬一嚇走她怎麼辦？連去她家偷偷看她的機會都會失去了。

先想想看，你覺得幾歲可以擁有男女朋友？小學、中學或是大學？雖然現在社會比過去開放許多，但也危險許多，稍不小心，可能吃虧上當受騙，所以，國小或國中生的爸媽或老師多半持禁止的態度。因為他們擔心你不夠成熟，會受傷，或是處理感情不當而影響學業。

喜歡異性絕對沒有錯

有些喜歡或心動是克制不了的，即使明令禁止，當情愫悄然升起，是很難壓抑的，這跟年齡關係不大。

某個國中男孩曾經寫信跟隔壁班女生告白，被老師攔截到信，把男孩叫去辦公室，臭罵一頓，「不好好念書，想這些東西做什麼？」

男孩鼓足勇氣跟老師說，「老師，你當年跟師丈不也是國中同學嗎？」

老師啞口無言，卻依然堅持說，「我們那時候是單純的好同學。看你寫的信內容，太超過了。」

男孩悻悻然走開，卻不明白，他只是喜歡那個女孩，為什麼不能告訴她？喜歡一個人真的沒有錯，只要你不干擾對方的生活就好，例如：上學途中圍堵她，或是到處跟別人說，你將來要跟他結婚，那真的會造成對方的困擾。

告白後會有什麼結果

若是你的學校沒有硬性規定，男生女生不能說話或交往，而你的老師或父母也足夠開明，不會全然阻止你，答應給你一個安全空間，那你就要思考，告白以後的結果。

最樂觀的是，她也喜歡跟你做朋友，從此兩人相約去圖書館、一起看電影或吃冰淇淋，彼此鼓勵考上好學校。

你比較難以承受的是，對方直接拒絕你，或是退回你的信，甚至絲毫不留情面的回絕。

被拒絕的原因很多，他不喜歡你、只想專心讀書、她另有心儀的對象、他不曉得如何處理這種情況……，絕對不是因為你不好。

妥善處理告白

告白時要特別注意，最好別請同學或朋友轉告，萬一同學也喜歡這個人，你很可能被同學出賣，或是說出破壞你的話，不能不慎。

另外要提醒你，要懂得拒絕的藝術，他擁有喜歡你的自由，如同你擁有拒絕他的自由。但是拒絕時，不要羞辱對方，罵對方「又醜又胖」，或是「成績那麼爛」，而是謝謝對方的告白即可。

若是對方拒絕你，真的是因為你的表現太差，你非但不要生氣、或是惱羞成怒，而是要發憤圖強，努力表現，拿出一番成就，到時候，換他後悔拒絕你了。

即使你們永遠沒有交往，至少這份喜歡激勵你努力向上，這不也是失之東隅，收之桑榆嘛！

有效跨越障礙

不說出口，就永遠不知道答案，說了，也可能遭到拒絕。不妨運用技巧，就說是某個人喜歡他，即使被他拒絕，也不會覺得丟臉。也可以在網誌上書寫你喜歡他的心情，但是不要揭露他的姓名，他如果也喜歡你，就會有所反應了。

第9招 不可能討好所有人

即使是天王巨星，也不可能讓所有人喜歡。

小時候，我們按照自己的本性發展，率性而為，漸漸的，透過觀察體會，你發現某些行為表現，最容易贏得掌聲及注目，於是，你希望藉此討好所有的人，讓全世界的人都喜歡你。

青青，從小在大家庭長大，跟爺爺、奶奶、姑姑、叔叔住在透天厝裡，同年齡的小孩也有好幾個，會引起大人注意的孩子，大都是成績好、有禮貌、做事主動、嘴巴甜，她很努力做到這些，當然也贏得很多讚美。

她到學校以後，同樣渴望贏得所有人的友誼，她不敢拒絕人，也不敢得罪人，什麼事情都搶著做，有人說她愛現，真是天大的誤會，她只希望大家都喜歡她。

想要贏得別人喜歡，難道錯了嗎？

當然沒錯。只是，我們費盡心思討好別人，結果若不如預期，很可能傷到自尊，從此變得退縮。要知道，我們不可能讓所有人喜歡，全世界也沒有一個人可以做到這一點。

為什麼你渴望大家都喜歡你？

這多半是你沒有自信，需要別人的肯定，渴望在別人的掌聲下過活，失去了掌聲，也就失去了自己。也可能是你向來孤單，只有受到矚目和歡迎，你才感受到自己的存在，就像現在不少人喜歡在臉書上得到很多「讚」，不斷刷存在感。

當然也可能出於你的嫉妒心，你只希望自己是光環所在，別人只要比你強一點、棒一點，你就受不了，拚命想要超前。

你真的不需要自卑，每個人都有自己的優點、長處，把它找出來，好好發揮，幹麼一定要學別人，或是勉為其難迎合別人呢！

不可能讓所有人都喜歡你

你不必為了討好別人，點一杯不喜歡喝的飲料，穿一件不喜歡的衣服，那不是你，只是討好別人的傀儡。

假如有人喜歡你的裝扮，我們開心的說聲謝謝；如果不喜歡，也不必難過。有自信的人，即使穿著奇裝異服，也能從容自在。

脣音樂家李育倫就有類似經驗，小學轉學時，他希望贏得大家好感，於是自告奮勇上臺表演拿手的口哨，未料同學竟然譏笑他，好像在「噓噓」，還故意舉手說要上廁所。李育倫從此不再吹口哨，覺得很丟臉。

直到長大以後，他才克服心理障礙，明白自己不可能討好所有人，並且接受吹口哨是上帝賜給他的禮物，不但站上國家音樂廳的舞臺表演口哨，甚至到中國、澳洲各地演出口哨呢！

受不了批評差點送命

我向來熱心助人，很喜歡做事，別人不願承接的活動，我就接過來做。自認費心費力，可是稍有缺失，遭人說嘴，我會傷心得掉眼淚，甚至病倒掛急診。因為，我只看到少數人的指責，卻忘了，大多數人對我的肯定。

為此，我差點放棄自己熱心熱情的特質，直到某個好朋友點醒我，「你不是為了討好某個人或某些人去做這件事，只要他是對的事，你就應該去做。」

的確，上帝創造各式各樣的人，只要我們明白世上人千百種，有的人見不得別人好，有的人跟我們的理念想法不同，他不喜歡我們，不代表我們就是個差勁的人，快樂做自己吧！

有效跨越障礙

刻意討好，你會變得矯情，失去自我，以及失去喜歡你的純真的人。不要勉強自己去做不喜歡的事情，傾聽心裡的聲音，善待自己，永遠要以發自內心的關懷對待別人。友情，不是討好來的，真愛，也不是委曲求全來的。

第10招 好人壞人可別傻傻分不清

害人之心不可有，但要懂得保護自己。

你要如何分辨好人壞人？對你好就是好人，對你壞就是壞人嗎？如果用這種二分法，你很可能無法揭穿給雞拜年的黃鼠狼，而常常吃虧受騙上當。

小詩雖然才讀國中，就長得亭亭玉立，當她陪同學去拍沙龍照，攝影師不停誇她，「你是天生的模特兒架子。」一直邀她當模特兒，賺外快。

她搖頭說，「她們衣服穿那麼少，我不要。」

攝影師再三保證，「沒問題，你穿的都是少女服飾，不會像你想的那樣。」

她看攝影師像個正人君子，她同學也認識他，就答應了。沒想到，攝影師竟然趁她更衣時，偷拍露點的照片，威脅她要跟他在一起。

這樣的新聞不少，看起來好心好意的大人，利用各種機會，例如網路交友、藉口擔任模特兒，接近少女們，然後，拐騙少女離家，甚至拍下不雅照片，勒索脅迫少女，結果一個個落入魔掌之中。

有人作過研究，高風險家庭（例如家庭陷入經濟困境、家中成員經常衝突、患有精神疾病等）的青少年，最容易受騙上當，只要有人供給他吃住金錢，他就會相信他們，供他們差遣，最後被餵毒，受到控制，下場十分淒慘。這就是壞人掌握住這些青少年渴望關懷的弱點。那你要如何提高警覺呢？

從經驗中得到教訓

我曾經在十字路口等綠燈時，遇到一位機車騎士，跟我借油錢，心想只不過是一百元，我就借給他了，未料，他卻是個以此維生的機車騙子。

騙錢還算小事，某個女孩竟然相信這位騎士要還她錢，搭了他的機車去拿錢，結果慘被性侵。

為什麼老師、父母再三提醒，就是防不勝防？主要的是這些壞人太了解人性的弱點，他們每次騙人都得手，於是食髓知味。或是，我們太相信自己，失去戒心，沒有做好防禦措施。

永遠要牢記，在你無法辨別是否安全的情況下，陌生人的任何藉口，都不要相信，也絕對不要跟陌生人獨處一室。

遊說你做壞事、莫名其妙的對你好要小心

當有人遊說你作弊、說謊，或是慫恿你偷爸媽、偷老師的錢，趁體育課沒人在教室偷同學錢。甚至，說你爸媽的壞話，鼓動你蹺家。反正他會用各種理由拐騙你，對抗你的道德良心，這時就要小心了。

也有可能他幫助家境清寒的你付學費，藉此機會接近你，把你叫到他家，說是幫你溫習功課，卻對你毛手毛腳。你一定要勇敢拒絕，並且告訴父母，千萬不要不好意思，反而讓對方進一步控制你。

壞人的眼神會透露歹念

居心不良的人，即使很會掩飾，但很難隱藏他的眼神。如果他的眼神飄忽，邪里邪氣，喜歡用墨鏡掩飾自己，都要小心。

壞人很可能潛伏在你身邊，包括：同學或同學爸媽，親戚、鄰居、網友、路邊陌生人，甚至到你家裡作客的長輩。你要相信自己的直覺，注意他的眼神，一旦發現情況不對，想辦法遠離現場，並告訴可信賴的家人或老師。

防人之心不可無，但是，害人之心也不可有，要做個善待別人的好人喔！

壞人不會在臉上寫字，你很難辨別，甚至吃虧上當許多次，也學不到功課。或是有些壞人招數太高，讓人防不勝防，唯有及時向人求援，保持距離，才能保命。

爸媽不可能保護你一輩子

不想做爸寶媽寶，就要早日獨立自主。

我們年幼時，不懂得分別黑白善惡，容易受傷，必須躲在爸媽的保護傘下。你或許會想，凡事都由父母安排也很好。但是，如果想要學習獨立自主，卻掙脫不了爸媽的保護，怎麼辦？

小奇很喜歡街舞，於是參加了學校的街舞社團，跳得廢寢忘食，甚至利用補習前的時間，跑去學街舞。

校慶時，小奇邀請父母到校，當父母看到自己的兒子在臺上跳街舞，身體扭來扭去，站起身就離席。

小奇下臺時，全場給與熱烈鼓掌。未料，他回家以後，爸媽卻跟他攤牌，「你如果要跳街舞，你就不是我們兒子，你乖乖的準備考醫學院。」

從小就是乖寶寶的小奇卻不想照著父母的路去走，可是，他卻不曉得要如何走出自己想走的一條路？

如果你也感受到這股壓力，譬如爸媽不遵照你的興趣選才藝班，買給你的書都是他們要你閱讀的，規定你不可以跟誰交朋友，每天上、下學都是他們接送，不讓你擁有自己的朋友，你想要改變，應該怎麼做？

不要讓爸媽的保護成為習慣

如果自己不懂得爭取，甘於走在爸媽的保護傘下，他們要你做什麼，你從不反抗，也不表達自己的意思，等到年紀大了，再來後悔，或是怨怪父母，就來不及了。

曾經有位研究生來找我，說他很痛苦，因為他所念的科系不是自己想念的。我問他，「為什麼你不跟爸媽說呢？」

他說，「我不敢說，他們老來得子，對我寄望很大，我說了，他們會生氣會難過。」結果變成他難過不好受了。

我鼓勵他跟父母開誠布公，或許，父母從來不知道他的心事、他的興趣。可是，如果他早點跟父母溝通，就不致浪費那麼多年寶貴光陰了。

懂得讓父母放心

父母多半是擔心孩子受傷、消失不見，或跑離他們。所以，你要讓他們知道，即使你爭取自由，也會小心照顧自己。

我從小媽媽規定很嚴，不准我在外面過夜，直到我念大學，有機會參加救國團舉辦的「金門戰鬥營」，那勢必要在外面過夜，我想媽媽一定不會答應。可是，不嘗試一下，怎麼知道結果？未料，當我跟媽媽提起這事，媽媽相信救國團的活動沒問題，竟然就讓我參加了。如果當初我沒開口問媽媽，就不可能得到這麼刺激的經驗了。

所以，若是爸媽不讓你跟同學往來，堅持每天接送，你可以先試著邀同學搭你家的便車，讓父母認識你的同學。或是，邀同學到你家玩，也是一個辦法。

適時表達你的真實心意

即將來到的假日，父母如果打算帶你出去玩，不妨找機會說，「我想跟同學去看電影，好不好？」

你的態度很重要，要有禮貌的徵求，而不是反抗、爭吵。尤其是不要到假日當天才說，爸媽絕對會生氣，一定要提前說。一次不行，繼續爭取。千萬不要因為父母的約束、綑綁，就離家出走，甚至做出讓父母傷心的事情。

第一次興起反對父母的念頭時，不要消滅這個感動。先仔細想想，為何不認同父母的意見？問問別人，如果這樣做，對不對？若是對的，先從小處開始，例如選擇自己喜歡看的故事書或電影，這是你邁向成長、尋求自我的第一步。

第12招 討厭老師也別討厭這門課

改變不了對老師的印象，就改變你自己。

我相信絕大多數的老師都對學生很好，關心學生、鼓勵學生，只是極少數的老師可能缺乏經驗，或是性格不成熟，造成了對你的傷害。你要因此討厭你的同學你的學校嗎？

小瑞長得很可愛，成績也不錯，也喜歡幫助人，可是，他總是跟爸媽吵著要轉學，說老師不喜歡他、惡整他，哭鬧著不要去上學。爸媽迫於無奈，只好幫他轉學，可是，問題依舊沒有改善，他還是認為老師討厭他，他也討厭老師。

演變到後來，小瑞更是抗拒念書，不肯去學校。爸媽只好跟老師溝通，才發現問題出在小瑞，他希望老師把焦點都放在他身上。

找出不喜歡老師的原因

我們對人的感覺是沒有標準的，正如同你喜歡藍色、討厭紅色。要知道，我們不喜歡某些老師，老師也可能不喜歡我們，就像我們不可能喜歡所有的人。

想想看，為什麼你討厭老師？因為他罵你，當眾羞辱你；或是，他講課口沫橫飛，身上有怪味道；還是，他很偏心，喜歡男生，不喜歡女生（或反過來，喜歡女生，不喜歡男生），更氣人的是只喜歡成績好的學生。

我初中的數學老師，見我成績很差，罵我比留級生還不如。想當年我念小學時，幾乎都是前三名，竟然淪落至此？

後來我發憤圖強，下次月考，數學考了九十幾分，跌破所有人的眼鏡。但我依然不喜歡數學老師，連帶的也不喜歡數學，放棄數學後，導致我無法考進心理系，其實挺後悔的。

改變不了別人就改變自己

不少人因為討厭老師，就放棄這個科目，有問題不敢問，上課不專心、打瞌睡，故意跟同學說話、傳紙條，甚至嚇到不敢去學校。可是，你有沒有想過，這麼一來，你的學習受到嚴重影響，連帶的成績也會很糟。為什麼不反過來思考，愈是討厭這位老師，愈是要表現好？讓他無法挑剔你。

有位國中男生，因為父親工作關係，常常搬家，他只好被迫不斷轉學，跟同學格格不入和老師關係也不好，他心裡打定主意，只要他跟新班級處不好，爸爸就會讓他轉回原來學校。

幸好是輔導老師勸他，「你為了反抗父親，而反抗老師，結果吃虧的是自己。為什麼不努力改變自己的想法，雖然常常轉學，至少你比別人認識更多朋友。」

這次他總算聽進去了，不再跟老師作對，不遲到早退、不蹺課，也不趴在桌上睡覺，而是認真聽課，他才發現，自己到處設路障，浪費的是自己的光陰。

我們難免會遇到讓我們討厭，或討厭我們的人，把他當作人生的學習。即使沒有遇到投緣的老師，也不要自怨自艾。與其討厭老師而不想上學，不妨換個角度想，其他老師或同學還不錯，就跟討厭的老師保持距離吧！你上你的課，你考你的試，何必讓他影響你的學習。

爸媽罵你你也不要蹺家出走

爸媽在氣頭上，難免說錯話，千萬別當真。

每天出門上學以後，為什麼一定要回家？因為大家都回家？如果不回家，又不知道要去那兒？只好乖乖回家。萬一有一天，爸媽生氣罵你不要回家，你就不曉得如何是好？

小志放學時，不小心弄丟家裡鑰匙，媽媽拎著快要解凍的肉和菜進不了門，媽媽氣得對他說，「你立刻去給我找鎖匠來，如果找不到鎖匠，你就不要回家。」

他找不到鑰匙店，也不敢問人，只好躲在書店裡看書。直到書店打烊，不得已慢慢走回家，躲在電線桿後探頭探腦，媽媽竟然就在門外徘徊。

他嚇壞了，以為又要挨罵了，掉頭就跑，哪想到媽媽追了過來，不斷呼喚他的名字，「小志！你回來，你回來呀！媽媽不罵你了……」

家是每個人的安樂窩

家，就像小鳥的巢、老鼠的洞或是螞蟻窩，回到家裡，會有親愛的家人、香噴噴的餐點、舒服的床，可以洗澡、看漫畫、寫功課，做喜歡的事情。

可是，如果你的家沒有溫暖，整天吵鬧或冷冰冰的，你的爸媽不是忙碌到不見人影，就是凶巴巴的整天罵你。更可怕的是，他們喝醉酒或賭博輸了錢，就拿你出氣，咒詛你、打你，你連逃都來不及，為什麼你要回去？

這畢竟是少數，大多數的家庭是有愛的、溫暖的，只是爸媽有時候情緒不穩定，或是生活上遇到困難，發了脾氣、說錯話。

爸媽生氣的話不要當真

我小時候很頑皮，經常到山上玩，媽媽下班後辛苦做好飯，卻四處找不到我，見我渾身髒兮兮的回家，氣得大罵，「你乾脆死到外面不要回來算了。」所以，我以為媽媽根本不在乎我的死活。

直到有一晚，從臺北返基隆的火車誤點，夜裡快要十一點，我尚未到家。剛好西門町有間電影院大火，媽媽擔心我去看電影被燒死了，到處打電話詢問，正要報警時，我剛好到家，媽媽立刻緊緊抱住我。我才知道，媽媽罵我不要回家，只是隨口說說，她心裡並不是這樣想的。

爸媽生氣是有原因的

這個時代的資訊變化快速，爸媽幾乎跟不上，他們也很痛苦。再加上，現在多半是雙薪家庭，爸媽都要上班工作，十分辛苦，回到家都很疲累，說不定還有一位失智奶奶或爺爺要照顧；如果我們又不配合，調皮搗蛋不說，成績差不用功，還蹺課逃學、偷交男女朋友、偷吸菸喝酒，甚至跟人打架；交代你先做好的家事竟然紋風不動，你說，他們氣不氣，當然免不了大發雷霆。

如果你站在父母的立場，替他們想一想，或許你的怨氣就比較少了。當他們罵你，「死到外面不要回家」時，千萬不要傻傻不回家。萬一你一時衝動離家，其實心裡很想回家，那就回家吧！別因為不好意思，就在外流浪。

曾經有個十歲男孩，因為爸媽偏心，他常常蹺家，每次被找回家，只要再挨罵，他就又離家，反覆幾次以後，他再也不回家，爸媽也不找他了。當他漸漸長大，想要回家，爸爸已經過世，成為他永遠的遺憾。

所以，你回家以後，爸媽可能依然會忍不住罵你，你要反其道而行，學會不去頂嘴，反而要體諒他們、加倍愛他們。他們不是鐵石心腸，當你變得善體人意，更懂得樂觀向上，他們也會慢慢改變的。

跨越障礙 有效

你別以為別人的爸媽都比你爸媽好？其實每個家庭都有自己的問題，只要你收回羨慕別人的心，回頭看看自己的家，有什麼美好的地方，值得你留戀，那麼，當你蹺家時，只要想起這些好，你就會回家。家即使有缺點，也是我們的家。不管爸媽說了什麼，也不管你自己說了什麼，別再賭氣，回家吧！

跨越學習障礙

克服常敗軍的消極，努力找到致勝關鍵

第14招 生動的自我介紹

找機會多練習，別出心裁有創意的介紹自己。

從我們會說話開始，就要面對自我介紹，逃都逃不掉。進入學校、參加活動、遇見朋友的朋友、同學的爸媽，都會問你是誰？直到進入職場，甚至戀愛交友，這個問題都是如影隨形。你要怎麼回答，才能留給別人深刻的印象？

陳英雄最討厭自我介紹，因為他覺得自己的名字很俗，每次只要考試成績不佳，體育課跑得很慢，大家就會嘲笑他，「英雄變狗熊，你還不如叫做陳狗熊。」

他怪爸媽為什麼要給他取這個名字，爸爸也很無奈，「媽媽懷你的時候，我們常常看英雄電影，所以取了這個名字。」沒想到，這段話卻給了陳英雄靈感。

當陳英雄再有機會自我介紹時，他會跟大家說，「我是曾經很討厭當英雄的陳英雄，因為別人都笑我是狗熊。但是，自從我看了《復仇者聯盟》裡的美國隊長，他以前也長得很瘦小，後來卻變得很厲害，希望有朝一日，我也能變成這樣的英雄。」

結果，不但沒有同學再嘲笑他，反而都記住了他的名字。這就是反敗為勝的自我介紹的例子。

從你的名字找靈感

每個人的名字都有特別的意義，找出名字的由來，從此處開始發揮，把自己介紹給大家認識，不需要長篇大論，也不需要搞怪，只要動人有趣即可。

我的名字很普通，小平，我在戰亂中出生，父親希望弱小的我能夠得到小小的平安。雖然我從來沒有看過爸爸，但是，他為我取的名字，卻注入了他許多的愛與期許。所以，我希望可以帶給大家小小的溫暖與平安。這樣的介紹結合了姓和名字。

其他類似的還有，依晨，早晨出生。水蓮，出汙泥而不染。念祖，不要忘記祖先。永樂，永遠快樂。你可以根據這樣的意義，發想出別出心裁的自我介紹。

另外，也可以根據出生時的環境，例如秋天出生的「秋生」、「若楓」，雨季出生的「雨沛」、「沛霖」，談到你喜歡什麼樣的季節或氣候。

我的孫女出生時，她母親子宮裡的羊水太多，好像淹大水，所以為她取名以琳，在《聖經》裡，以琳就是十二股水泉匯流之地，水量無比的豐沛。這樣她長大以後，很容易就可以從名字說起她出生是個早產兒的故事。

也可以融入你的綽號，例如，「我喜歡吃水果，尤其是蘋果，爸媽叫我小蘋果。」或是從你的名字「志峰」、「凌霄」提到你的志願或夢想。

找機會多多練習

當你想到自我介紹的方式，不妨找時間多寫幾則，可輕鬆幽默，也可以感人動人，當然也可以充滿文藝氣息。不需要太長，頂多五十到八十字，太多的句子，不容易記住。當你愈來愈熟練，就可以隨時靈活運用，也不會怯場了。

同時，不同的人問起，可以有不同的回答。

長輩問你，可以規規矩矩回答，「我叫志高，人小志氣高的志高。」

異性問你，你可以活潑一點回答，「我叫語柔，爸媽希望我言語柔和，才不會把人氣跑了。」

班級的自我介紹，可以加上你的志願，「我叫做諾文，爸媽希望我得諾貝爾文學獎。」

久而久之，你會把自我介紹當作有趣好玩的事呢！

有效跨越障礙

書寫下來、練習說出來，這是訣竅之一。

記錄下讓你印象深刻的自我介紹，不要完全照抄，可以稍稍加以改變，變成你的版本。這是訣竅之二。

把自我介紹結合你過去生活中的小故事，這是訣竅之三。

第15招

只要敢開口就能練出好口才

即使沒有天分，後天努力也能說得溜。

人類一歲左右開始學說話，身邊的保母、父母、爺爺、奶奶或阿公阿媽，是我們第一個學習的對象，也可能是說故事機器、卡通影片等。如果很少人跟你說話，你的語言學習就會受到影響，你是否就是這樣很怕說話，或是跟人交談？

大樂從幼稚園開始就口吃，說話結結巴巴，愈急就愈說不清楚，偏偏他又很愛說話。當他中學參加團契活動時，輔導常常設計題目讓他們分組彼此討論，然後輪流上臺分享。只要輪到大樂，他都非常害怕。經過大家的鼓勵，他硬著頭皮說了幾句，卻幾乎要了他的命，但總算有了開始。

有了說話表達的機會，又是在熟悉的人當中，他慢慢減少害怕程度，雖然緊張起來，還是會結巴，可是已經比小學好得太多了。現在的他，不但上臺演講、主持會議，甚至跟陌生人見面，也可以侃侃而談。

的確，口才是需要天分的，有些人開始說話以後，就嘰嘰呱呱沒停過，長大以後，更是口若懸河，演講比賽更是如同探囊取物。你不必羨慕這種人，與其花時間檢討過去，不如從現在開始訓練自己，絕對可以愈說愈好。

先了解口才的好處

說話交談的目的就是與人溝通，表達你的內心需求，有了良性的互動，對你的社交生活很有幫助，也不致遭人誤會卻解釋不清。例如跟同學、老師、家人說話，這是最基本的。等你進入社會，工作上也需要跟同事、主管或老闆溝通，如果你每次開會都閉口不言，誰又知道你心裡的想法與創意？甚至到了戀愛期，追女友、跟男生表達好感，都需要口才，別等喜歡的人被追走了，才後悔莫及。

想要出頭、渴望出頭，口才絕對有加分效果。

從生活中訓練口才

找一個口才不錯、也願意幫助你的人，彼此練習，例如他發問、你回答。剛開始，你只要一次說一句話，逐漸加強練習的深度。若是你不好意思，可以透過電視劇練習，不管是其中任何角色發問，就當作是他跟你對話，練習自己回答他，好像你跟對方在演對手戲。

自言自語也是方法，有些人不敢跟別人說話，卻可以跟自己對話，無論是洗澡、做家事、等車，你都可以利用機會練習。

當然，若能參加口才訓練班也不錯。

抓緊機會驗收成果

當你練習過一段時日後，就要找機會表現，驗收成果。你可以跟家人或同學練習，也可以利用任何發言的場合說話，放下過去的膽怯，在上課、參加座談會、朋友聚會時，勇於發言，即使說錯了也沒關係，把它當作實習課。

我經常出國自助旅行，但我的英語能力不強，我就傾聽別人怎麼問路、找旅館，然後逮到機會就學著開口說，也能跟人簡單溝通呢！

千萬不要自卑退縮

沒有人天生什麼都會，自卑膽小會縮緊你的喉嚨，讓你發不出聲音。

英國國王亨利八世害羞內向，拙於言詞，怎麼也沒料到自己的弟弟溫莎公爵為了愛情放棄江山，他臨危受命，硬著頭皮接下王位。請了專門的老師教導，他幾度要逃跑，可還是堅持下去，發表了對全國同胞的談話。電影《王者之聲》演的就是這段故事。可見得只要克服心中膽怯，並且經過訓練後，你的口才極可能改進。

有效跨越障礙

剛開始，放慢速度說，說錯也沒關係。然後，尋找懂得讚美你的人，激勵你的信心。還要學得臉皮厚一點，即使別人譏笑你也不要害怕。要知道，口才好的人也有弱點，不是樣樣都精通的。

第16招

勤練寫作就會愛上寫作

多聽多說多寫多看多讀，寫成好文章。

不少人都害怕作文，有幾年的升學考試取消考作文，讓大家鬆了一口氣。後來教育單位發現，繼續這樣下去，學生的國文能力愈來愈差，連篇像樣的自傳或報告，都會寫不出來，可會大大影響國力呢！後來才又恢復作文考試。

芮安很怕作文課，她只好報名作文班，上了許多課，也繳了許多學費，依然沒有進步，連媽媽都勸她，「算了，文章寫不好，還是可以有好的成就。」

可是，芮安卻不願意放棄。某個暑假，她參加社區的免費寫作課，老師用引導的方式讓她寫出一些短句，她都能做到，可是，要發展成一篇文章時，她就坐著發呆。

原來是芮安想得太多，不曉得第一句到底要寫什麼，所以就被卡住了。當老師鼓勵她用其中一個短句作為開頭，說也奇怪，她像故障的水龍頭突然冒出水來，很快的接續下去。

每天寫一短句

無論你用LINE或是臉書等網路交朋友，不妨強迫自己每天至少寫一句話，到了週末，比較不忙時，則多寫幾句話。

例如：我喜歡珍珠奶茶。只有一句，對嗎？後面可以加上什麼？我喜歡珍珠奶茶的配色、同學生日時曾經請我喝過珍珠奶茶、珍珠奶茶甜膩膩的滋味讓我懷念……，珍珠奶茶的顏色、形狀、味道、經驗或地點，都可用來擴充這個句子。

若要再進展到初階、進階，擴充你的能力，那就要加上觀察力、聯想力、想像力，可以參考我的書《從此愛上寫作》（幼獅文化），有很清楚完整的描述。

多閱讀各種課外讀物

多看好文章，絕對可以充實你的寫作庫，讓你累積許多好句子、好開頭與結尾。課外書不要限制類別，開始先讀自己喜歡的，慢慢增加種類。後面的篇章會教你如何開始廣泛閱讀。

多聽多說多寫多看多讀

許多人問我，寫作有沒有捷徑，很抱歉，真的沒有，就像游泳、體操、鋼琴，都要花時間練習。請記住十字箴言「多聽多說多寫多看多讀」，隨時把握機會練習，那就是多聽別人說話交談、多練習自我口語表達、多寫十字五十字或百字短文、多看這個世界及周遭人事物、多讀書報雜誌好文章。

我就是從小二開始寫日記，直到如今，即使出版了一百多本書，依然寫不停。所以，只要開始，養成寫作習慣，你想停都停不了。

只要會寫字，然後，把許多字連起來，就是一句話。再把許多句子連起來，就是一段文字。先不去想那需要多少技巧，先做到基本的要求即可。

另外，隨身帶一個小筆記本、一支筆，隨時記錄心裡的感動、個人的觀察。也就是拿起筆就寫，好像要緊緊抓住靈感一般，想寫什麼就寫什麼，不必想太多。這樣還可以刺激你的思路，讓思路更加敏捷。

第17招

課外書值得用心探索

樂於親近書，讓書做你永不變心的朋友。

為何要讀課外書？教科書都讀不完了，課外書是閒書，考試又不考，只是浪費金錢浪費時間。誰告訴你的？

要知道，課外書是永不變心的朋友，能解決你的疑惑，安慰你，隨時可以閱讀，不像手機必須充電。

小安的家住在半山腰，同學都很羨慕她，住在花園洋房裡，她一點也不喜歡。因為整個社區的鄰居，大都是週末來度假，平常時候，社區十分冷清。

偏偏她的父母非常忙碌，總是忙到三更半夜才回家，她好害怕，即使開亮屋裡所有的燈，也沒有用。

這時，她突然看到客廳茶几上媽媽讀了一半的小說，隨手拿起來閱讀，沉浸在情節裡，竟然忘了時間，當然，也忘了害怕。從此，小安就愛上了跟課外書的獨處時光，即使爸媽晚歸，她也不再覺得孤單。

何時開始養成閱讀好習慣？

那要先有書。如果爸媽不給你買書錢，你可以去書店翻書看，去圖書館、同學家借書看。讀出書中好滋味。

慢慢的，你要開始學著自己買書，才會珍惜。你可以用省下的零用錢，自己打工賺錢，幫忙做家事，爸媽給你獎勵金等。若是文筆或美勞或樂器演奏不錯，不妨參加比賽得獎金用來買書。

我小學時，跟鄰居借了一本翻譯書《愛與恨》，寫的是一個心中充滿恨的孤獨老人，因為認識隔壁的小女孩，放下恨，走出屋子。雖然這書已經絕版，我再也找不到了，但我始終記得愛可以打敗恨，所以要努力去愛人。

各種類型的課外書都嘗試接觸

學習是沒有界線，不要只看同一種類的書，或是只看某一位作家的書。如同不要只結交一種朋友。這樣，所獲得的知識才會廣泛，更容易從中發現自己真正的志趣。

例如科幻、偵探、歷史、戰爭、羅曼史、詩集、勵志書，都可以讀，像我雖不會寫偵探小說，卻從福爾摩斯、亞森羅蘋等故事，懂得如何抽絲剝繭，尋找疑點，學會布局。

尋找志同道合的人

有同伴，才比較容易持續下去。無論是同學、朋友或網友，都可以從一本書開始討論，發表你的感想。像我就會跟大樂討論書，或是一起看歷史劇，透過分享，更能觸類旁通。我不但以他的故事寫成《小龍週記》、《小龍心情寫真》，他還幫我畫插圖呢！

從小說中了解人性

小說是所有課外讀物中最有趣有變化，而且可以學到最多東西。你可以學到主角的專業知識、人性的美醜（如《哈利波特》），人際關係的巧妙、人的個性（如《紅樓夢》或《水滸傳》），更能幫助你認識跟你不同的人，如《傲慢與偏見》。還可以增進自己的寫作能力，更能訓練自己有獨特的看法。

既然有這麼多好處，就讓我們一起進入課外讀物的奇幻世界吧！

課本的知識，雖然重要，但有些是為了考試，考完沒有用，很快就會忘掉。課外讀物卻不同，因為你喜歡，你牢牢記得，書中文字帶給你的啟發，成為生命中的營養，終身受用。

讓讀書變成一種自我獎勵，每個月至少讀一本。同時，把你閱讀後的收穫告訴爸媽或在臉書等網誌上分享出去。當爸媽發現課外書不是閒書，自然會主動給你買書的預算。

第18招 翻轉一成不變的生活

平常多動腦，讓生活不再呆板，變得生動有趣。

只要觀察我們身邊的花草樹木，你就會發現，隨著季節不同，他們都在不停地變化，而且，你永遠看不到相同的花朵。

大自然如此有創意，你卻每天週而復始，過得極其規律，甚至呆板無變化，不是很奇怪嗎？

敏真拚命讀書、放棄娛樂，好不容易考進最高學府，穿著繡上學校名字的制服，走在人前，頭都抬得高高的。

過沒多久，她卻覺得日子十分痛苦，無論如何努力都考不好，不像國中時，第一名如探囊取物。反觀其他同學，看起來沒怎麼拚，成績卻都比她好得多。她在臉書上也絲毫感受不到同學的煩惱，而且談的話題是追星、出國這些娛樂性十足的話題，她們怎麼可以這麼快樂。她一氣之下，封鎖了所有同學。

問題是，這樣有用嗎？敏真就會變得快樂嗎？

痛苦無聊的生活要繼續下去嗎？

要知道，我們身處在不快樂的情況之中，也可以變得快樂，耶穌的使徒保羅說過一句很經典的話，「在患難中也要歡歡喜喜」，也就是說，換個方法，發揮創意，即使成績不佳，也可以快樂度日。

學生嘛！每天的生活都差不多，讀書、考試，考試、讀書。或許有時你可以換個調劑生活的方式，例如：常常換條路上學，看心情選擇走哪條路，今天走重慶南路，明天走公園路，後天走懷寧街……

養成平常多多動腦的習慣

想要翻轉一成不變的生活，你可以先從以下幾種生活習慣改變看看——

・改變服裝搭配。把平常固定搭配的上下身，拆解開搭配其他衣著，如此變化，無形中好像多出新衣服。

・出門多走幾條路。你上學、逛街都固定走一條路，搭相同路線的公車嗎？請你找出不同的道路、公車路線，愈多愈好，你會發現許多有趣的事物。

・房間更換布置。無論你是獨睡、跟兄弟姊妹合住或住宿舍，都可以每隔三個月，隨著換季，變換屋內擺設，或是移動桌子、床，心情都會改變呢！

・蛋的創意料理。蛋是最常吃也比較便宜的食材，除了荷包蛋、茶葉蛋、炒蛋、白煮蛋、滷蛋……你自己實驗一下，還可以有幾種蛋的料理？

・幫電影或小說換結局。美人魚如果沒有變成泡沫，後來怎麼樣了？哈利波特沒有殺掉佛地魔，結果如何發展？白雪公主決定嫁給小矮人，又是哪一個小矮人？每看到你喜歡的電視劇或小說，不妨發想不同的結果。

只要你願意動動腦，發揮你的創意，你會發現，生活中充滿樂趣。當你看到身邊的任何事物，都要有好奇心，例如：街邊的單隻拖鞋，是誰的？為什麼掉在路邊？另一隻呢？不管是否找到正確答案，都沒有關係，只是讓你養成動腦習慣。

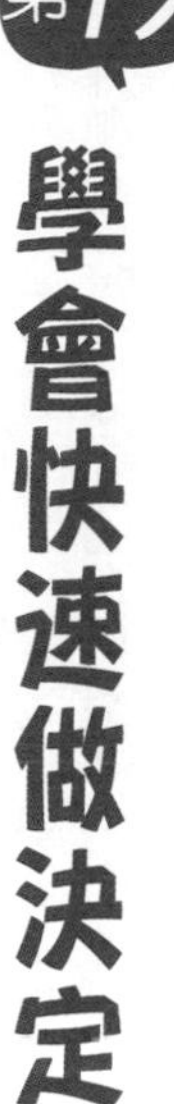

學會快速做決定

讓思路敏捷，反應迅速，危急時才能派上用場。

你是猶豫不決的人嗎？無論是挑選飲料或是買衣服，甚至挑選電影，你都要思考再三？若是時間緊迫、迫在眉睫，那可是分秒必爭了。面對危急時刻，能夠及時反應，這跟星座或血型無關，跟你的個性、生活習慣以及平時的練習有關。

小霓的爸媽從小寵著她、照顧她，所以很少有需要自己處理的麻煩事情。

有次放學時，爸爸的汽車停在馬路對面，小霓只好自己過馬路，未料走到一半，紅燈亮了，有一輛大卡車突然衝過來，她嚇得愣住了，不曉得要往前衝？或是停在當地？還是往後退？幸好身邊的一位路人推她一把，她才及時閃過大卡車，但是卻把她嚇壞了，哭著怪爸爸，鬧著說她以後不要出門了！

小霓真可以讓爸媽保護一輩子，寸步不離嗎？她難道要靠別人一輩子嗎？

花蓮地震時，雖然級數不大，卻因為大樓倒塌或傾斜，導致不少生命在瞬間失去，其中有兩位生還者，緊緊抓住機會，而逃過一劫。

其中一位飯店服務生，地震發生剎那，他立刻往大門衝，但一樓已經塌陷，他只好就地躲在一根柱子後面。靠著一點點縫隙，在黑暗中等待十四小時後獲救，奇蹟似的未被壓傷。

另一位旅店客人原本躺在床上，地震時手機被震掉，一片漆黑時，剛好有人傳LINE給他，讓他發現手機所在，藉著手機的光，他用棉被鋪在滿是碎玻璃的地上，往外爬行時，遇到四位大漢抬出他。如果他當時還想找隨身物品或包包，房子垮下來的瞬間，就可能被壓住，錯失可以逃脫的機會。

為什麼思考做決定如此慢？

思考快慢或許跟天生有點關係，但大多數是一種習慣，習慣別人做決定、懶得做決定、害怕做錯決定，甚至每次做決定都挨罵，久而久之，就不習慣自己決定，遇到抉擇時，也懶得思考。試想，腦子不常運用，是否也變得懶散呢？

思考快的人好處多多

雖然古人提醒我們「三思而後行」，但那是指重大事情，不能貿然決定，比較需要思考時間，例如選填志願或選擇結婚對象。可是，有些緊急之事，例如火災、地震、土石流或生活中的意外等，就必須思考快速，當下做決定。

思考快的人通常說話也快，雖然可能忙中出錯，但說錯話，可以透過道歉補償，若是太慢決定，導致作業或考卷寫不完還算小事，若是危及性命，那後果就不堪想像了。

如何訓練你快速思考

首先就是不要害怕犯錯、選錯，例如點餐，頂多不好吃，多試幾次，下次就知道如何選擇了。

其次，縮小做決定的範圍，例如選書、選電影、選服裝等生活用品，先選類別，再挑內容。我出國購物，往往能在極短時間內買到適合自己的服飾，這都是付上練習代價得來的成果。

再來就是限制自己做決定的時間，點餐兩分鐘、選擇公車路線兩分鐘，搭配衣服五分鐘，尤其是做功課解題，也要限制時間做完。

最後就是假想幾種狀況，多找機會練習，例如出門時如何閃避機車，住旅館時的逃生路線演練，閉著眼睛從臥室走到大門，在超商看到有人打架如何應付。也可以多看災難電影，看看主角如何趨吉避凶。

有效跨越障礙

當身邊出現抱怨你太慢了的聲音，就表示你做決定的速度已經有問題了，尤其現在是個樣樣快速的時代，慢條斯理的你，很可能無法適應這個社會。

請你開始在兩個以上朋友出遊時，有任何需要決定或選擇時，搶先在第一個做決定，千萬不要做最後一名。

超級魯蛇也能有贏人的本事

沒有人是天生輸家，只要不放棄，就可能成功。

你能找到一位永不失敗的人嗎？這個人應該還沒有誕生吧！問題是，你的人生不可能一直都是輸，你要如何從輸的地方找到贏的機會。

麗姮從小都是第一名，考上的也是第一志願。可是，她的體育就很差，無論是跑步、跳高或是羽毛球，她的手腳協調能力很不理想。試著當啦啦隊，在場邊為同學加油。可是，連最基本的動作都做不好，笨手笨腳的讓大家笑破肚皮。

麗姮好傷心，她以為只要會念書，就可以無往不利，看樣子，她這輩子不可能有大出息。若真這樣想，麗姮才是大錯特錯，太小看自己了。

全世界輸得最多的拳擊手

你是否聽過英國拳擊手彼得巴克利的故事？他在拳擊生涯的三百場比賽中，只贏了三十二場，他輸掉的比賽比世界上任何拳擊手還要多，有人稱他為「史上最爛的拳擊手」，最糟糕的紀錄是連輸八十八場比賽。

可是，也有媒體形容巴克利是拳擊界的「傳奇」。即使受傷累累，他卻不願意放棄他鍾愛的拳擊。而巴克利生平第一場比賽的對手包德溫，雖跟他打成平手，卻從此退出拳壇。你看出兩者的不同吧！

當記者訪問巴克利，到底是什麼力量支持他一直走下去？難道他不怕這種輸的滋味嗎？巴克利卻說，「他們可以打倒我，卻不能阻止我站起來。」

就是這種精神，讓巴克利在他家鄉舉行的第三百場比賽，出乎意料之外只用了四回合就贏得勝利，而光榮退役。

要知道，堅持走下去，這是任何人奪不去的毅力。雖然巴克利是拳壇輸得最多的人，但不能否認的是，他也是最不怕輸的人。

許多名人也有失敗紀錄

人生不可能沒有失敗。周杰倫聽過吧？他幫同事跑腿買了多少便當、寫了多少歌，才讓吳宗憲給了他機會出版專輯。

蕭敬騰如今紅遍亞洲，想當初他參加《超級星光大道》挑戰楊宗緯，挑戰失敗，他還當場傷心得哭出來。

而《樂來越愛你》的女主角艾瑪史東，也是試鏡無數次，才找到演出機會，剛開始都是無足輕重的腳色，我看電影《蜘蛛人》時，根本沒注意到女主角的她。結果呢？她獲得奧斯卡最佳女主角獎，又是一個失敗很多次，仍然堅持到底的成功例子。

在失敗中學到功課

我們不斷失敗，或許跟天分有關，但也可能是我們走錯了方向，用錯了方法，因為每個人都有不同的天分。如同周杰倫，他寫的歌曾經給劉德華、張惠妹唱，但他們都覺得他的歌很怪，沒人要唱。後來為何成功？因為是周杰倫本人唱，對了，怪怪的歌路，就對上了怪怪的歌。

所以，失敗了不要怕也不要逃避，而是仔細找出原因，或是請教老師或關心你的人，修正方向，改變策略（包括讀書的方法或糟透的人際關係）。

不可能是永遠的魯蛇

我們習慣以學科分數論定一個人有沒有出息，卻忘了，術科優秀，照樣有前途。例如你跑步跑得快，老師追不到。

有一個叫阿雄的孩子，上課時只愛看窗外，不愛念書，常常跟學校飼養的一頭豬玩耍、跑步，人稱「愛跑豬」，別人笑他沒有用，他卻沉浸在畫圖世界，豬跑步，阿雄就畫愛跑豬，畫啊畫的，畫出了一番成就，他就是畫家邱茂雄。

當所有人都放棄你的時候，你也不能放棄自己，你要激勵自己繼續努力，不要灰心喪志。上帝造人，一定有特別的計畫和設計。

有效跨越障礙

只要你還在乎輸贏，就表示你想要贏，不要執著於某一點，才能繼續往前走。因為，不流動的水，將會是一灘死水，只要動，就可以看到機會。

即使你很多方面都失敗，總有一兩樣是你喜歡或表現不錯的，請找出你擅長的一件事，即使是說笑話或畫漫畫都可以，先從小小的成功開始。

找到興趣確認方向

對陌生事物不再意興闌珊，就能突破自己。

當我們自我介紹時，通常會提到自己喜歡什麼？喜歡跑步、看書、聽音樂、考試、或是吃芒果冰？

飲食畢竟只占了生活的小部分，若跟你的人生志趣或方向，以及未來從事的行業有關係呢？你要如何找到自己的興趣呢？

玉琴跟同學或爸媽出門時，每次要買食物或飲料時，問她點什麼？她不是想了半天，不知道要點什麼，就是說，「你們點什麼，我就點什麼。」

可是，如果同學幫她點了食物，玉琴又會說，「你點的不好吃，我不喜歡。」那她到底喜歡什麼呢？她卻說不出所以然。

主要的是，她從小都習慣在家裡吃飯，媽媽警告她，外面的食物不乾淨，盡量不要外食，久而久之，媽媽煮什麼，她就吃什麼，從未思考自己喜歡什麼。

不斷嘗試才能找到興趣

你從未做過的事情，怎麼知道是否有趣味？放棄嘗試，很可能就錯失了好機會。我曾經在聖心女中教寫作，某位同學上課時意興闌珊，因為這不是她挑選的第一志願社團。於是，我丟了一個問題給她們，「每天搭校車除了吃早餐、繼續睡覺、跟同學聊天、K書，你會不會看看車外的風景？你是否會發現讓你驚訝的事情？」

這位意興闌珊同學開始轉移眼光到校車窗外後，有了許多收穫，竟然發揮無比創意，把她看到屋頂上堆滿舊電視的破屋，寫成一篇奇幻故事。更重要的是，她愛上了寫作課。

給你自己一個機會，也等於給你的人生開了更多的窗。

爭取擔任各種幹部的機會

每學期選舉新幹部時，盡量舉手爭取機會，多做多練習，即使最後表現不盡理想，但至少你試過了，說不定結果出乎意料之外呢！

中學時，因為同學只想多花時間讀書，沒人願意擔任體育股長，不擅體育的我，就勇敢承接，並且努力去做，沒想到，我竟然帶隊贏得籃球比賽的社會組冠軍。這個經驗讓我知道，千萬不要小看自己，很多潛力隱藏在我們未曾踏進的樓閣裡。

學習沒學習過的事情

無論你是否學過，都努力嘗試，例如各種樂器、唱歌、跳舞、繪畫、甚至做蛋糕，試過以後，才知道你會不會、喜不喜歡。

我曾經參觀國外的許多跳蚤市場，回國嘗試舉辦義賣會，最大規模曾經吸引數千人選購，為慈善單位募集到兩百多萬元。

國際級的服裝設計師吳季剛，他設計的服裝被美國前總統歐巴馬夫人看中，選為就職大典的禮服。想當初吳季剛小時候喜歡洋娃娃，還被人嘲笑男生愛娃娃，幸好他並未放棄自己的興趣，終於走上國際舞臺。

想想看，還有多少沒試過的事情？在這之前，不要說自己都沒興趣。要知道，一生只做過一件事，你就無法知道自己其他方面是否更加傑出優秀。

有效跨越障礙

請打開手機，連上網，隨意打一個字（必須是名詞），例如：夢、腳、牛肉捲餅……然後點進去，看看你對它是否感興趣，只要停留時間超過三分鐘，就表示你還算有興趣，請你繼續看下去，可幫助你多了解一樣事物。如果沒興趣，就繼續搜尋，直到找到有興趣的事物為止。

第22招 補習班不是唯一的路

提升成績的方法很多，何妨免費請教高手。

讀書怎麼讀都讀不懂，考試成績自然也就不理想，你會不會想，乾脆放棄算了？你發現班上同學無論成績好壞，幾乎都在補習，你好困惑，成績不理想的你，真的只有補習一途嗎？

韶文小學的成績中等，升上國中後，功課愈來愈多，他幾乎每晚都是十二點睡覺，可是，成績卻不斷退步。他想開口要求去補習，卻開不了口，他知道，爸爸的公司營運不理想，最近可能會裁員。

昨天才發生一則悲劇，某個國中生想要補習，爸爸不答應，他就從房間窗戶跳下去，就這樣摔死了，爸媽哭得肝腸寸斷，卻喚不回孩子。媽媽當時就問爸爸，「即使重新來過，你想，這個孩子的爸媽會答應他補習嗎？」

爸爸只是搖搖頭、嘆口氣，「現在的孩子太不懂得體諒父母的辛苦。」

又快到十二點了，韶文卻讀不下一點書。如果不補習，他就只能自甘墮落嗎？

為什麼大家都熱中補習？

說也奇怪，明明學校老師都很認真教學，為什麼大家還要去補習，希望成績更優？或是上課聽不懂，非要補習不可？還是因為大家都補習，你也跟著補習。

要知道，補習，你學到的是其他老師教你的讀書方法，如果不適合你，或是你的程度跟不上，這樣的補習只是白白浪費錢，幫助不大。真正有用的補習是一對一的補習，可以針對你設計教案。但是畢竟不是長久計。你必須自己摸索出讀書的方法，才能在經歷中學、大學，甚至研究所的課程時，讀來得心應手，更能樂在其中。你總不可能一輩子靠補習來幫助你讀書吧！

先找出成績不好的原因

你是不喜歡讀書（很少人每個科目都喜歡的）？或是上課不專心、方法錯誤、粗心大意、動作太慢，還是不擅長某些科目？

每個人各有不同特色、專長，你必須對症下藥，針對原因解決自己的問題。

請教老師、爸媽或學長姊

請教這些人，你不需要花補習費。每個人都有不同的專長，例如爸爸數學好、媽媽英文棒，不同科目有不同的學習方法，讓他們提供訣竅幫助你。

例如大樂很喜歡歷史，但分數卻不高。後來媽媽跟他一起討論，才知道他用錯方法。當他改變讀歷史的方法後，他考大學的歷史成績超過九成以上的考生。

按照你的程度尋找學習對象

請教那些本來考不好，後來進步的，或是在學校裡獲得成績進步獎的人，他們能體會你的痛苦，知道如何幫助你解決問題。

我不是商科畢業的，所以珠算很糟，偏偏大學這科學分是必修，我就請教媽媽同事中的珠算高手，教了我一些訣竅，沒花補習費，還考了全班最高分。

另外，有些教會或社福機構，有免費的課後輔導，都可以協助你找到讀書之道。最重要的是，要懂得分配讀書的時間，喜歡的或擅長的科目，可以多花一些時間，不擅長的科目，只要先弄懂基本例題或定理，不要奢望一步千里。

千萬不要因為成績差，就失去學習的樂趣。找出你喜歡的科目，即使是美術、體育、家政都可以，至少要有一門感興趣，好好發揮。羽球皇后戴資穎小學也不愛念書，但是父母發現她的羽球天賦，讓她在羽球方面盡情發揮，成了國際級的羽球高手。

第23招

訂出適合你又能做得到的計畫

用心計畫並且努力做到，讓你的時間發揮最大的效用。

這句話很常聽到吧！一年之計在於春、一日之計在於晨，任何計畫都要從一年或一天的起初開始。可是，到了年底，你發現自己好多事都沒有完成，只好重新計畫。重點不在於是否有計畫，而是怎麼計畫才做得到。

詩韻很喜歡做計畫，每次考試，一定規畫好如何念書，每天念多少，可是，考試前一天晚上，她通常都沒有達到進度，心焦如焚的不知如何是好？

除了讀書問題，她的體重過重，也讓她非常自卑，認為自己沒有男生喜歡，就是太胖的緣故。於是，她也在每年開始，訂好減重目標，結果，非但減不了體重，甚至還變得更胖了，讓她沮喪得不得了，乾脆每天隨便讀、隨便吃，完全放棄計畫。

為什麼要做計畫？

任何事情，你可以隨心所欲，完全不需要計畫，結果如何呢？舉例來說，假始你計畫週六要讀書、寫作業，還有打電話給同學討論生日派對的事情。結果，早上起床以後，你東摸西摸，開開冰箱、滑滑手機，心想下午再說。沒想到，媽媽突然找你一起去外婆家，等回到家裡，已經很晚了，你累得只想睡覺。

可是，如果你做了計畫，九點起床，寫功課到十一點，利用午餐前，打電話給同學，飯後讀了兩小時的書，即使和媽媽出門，也不會耽誤到你原先的計畫。

所以，無論是讀書、出門逛街或是拜訪朋友，有了計畫，你就會按部就班去做，不致浪費時間。

你的計畫為何常常落空？

你永遠都在計畫，卻實現不了，最大的原因就是計畫太難達到，無法持之以恆。久而久之，當然對計畫失去信心。

檢視一下你的讀書計畫，是否訂得太緊，必須不吃不喝不上廁所不接手機才可能做到？若是要求自己一年減輕體重十公斤卻成功不了，改為兩個月一公斤呢？是否容易些。因此，無論大小事都要按照自己的能力與時間做計畫，才可能完成。

大事小事都需要計畫

做大事絕對需要計畫，例如上帝創造世界時，就是按照計畫，第一天造了光，第二天造了空氣，第三天造海和地，以及地上的花草樹木……花了六天造好世界。

對你來說，大事就是未來要考上什麼學校？是否要學鋼琴？或是，寒假到底要去國外遊學，還是參加國內的冬令營？至於小事，就是段考的準備、剪髮、整理房間……，大事小事需要的計畫不同，你可以先從小事開始練習。

讓計畫得以實現的注意事項

目標不要太高。例如一星期讀七本課外書，除非是懂得速讀的人，否則很難達到。如果是一天讀十頁書，一週只讀五天，一個月讀完一本書，是否比較容易？

先做好計畫的事，再做其他。先寫暑假作業，再去遊玩。先完成每天的進度和作業，再上網或看電視。

從小計畫開始。先做一星期的計畫，再做一個月、半年、一年的計畫。

多利用零碎時間。有些小事，例如蒐集資料、背英文單字，都可以利用等車等人或下課休息的零碎時間，把完整時間留給需要演練的數學。

參考別人的經驗。別人的經驗也能幫助你。我是個容易緊張的人，一緊張，必失常。所以，我考前不吃東西，甚至演講前也是空腹，或提早幾小時進食，才不致要上場時，突然腹痛如絞，壞了大事。

先設定一件你常常完成不了的事，例如晚上十一點以前睡覺，那你就從在學校時，緊緊把握住下課時間讀書、寫作業，回家以後先完成校內功課，再做其他事。一週下來，你完成的課業，是否比以前沒有計畫時進步不少？只要有進步，就代表計畫有用。

第24招 不如選幾樣本事好好學

什麼都喜歡，什麼都學一半，等於一事無成。

你對什麼都感興趣，東學西學，學了不少東西，那是因為不清楚自己的特長或優點，只好多嘗試。可是，當我們慢慢長大，還在不斷嘗試，甚至學什麼都半途而廢，浪費許多學費、時間和心力，卻一樣本領都沒學會。那就太糟糕了！

小威從小對音樂很有興趣，唱歌、樂器、跳舞，都學過，當他發現很流行烏克麗麗，心中躍躍欲試，就跟爸爸商量，爸爸指指客廳角落的吉他，「你還是先把吉他學會吧！」小威卻說，「爸，烏克麗麗體型小，我學會了，跟你去國外旅行，就可以當街頭藝人賺零用錢。」

小威跟爸媽保證，「我跟同學約好了，不能失信，大家一起上課，彼此勉勵，絕對不會半途而廢。如果我做不到，你們可以扣我的零用錢。」

爸媽看小威很堅持，就答應他的要求。結果呢？一期十二堂課，小威只上了六堂，缺課請假的理由和藉口一大堆。於是，吉他旁邊又多了一個伴——烏克麗麗。

為什麼一事無成？

任何事情都需要花時間心力才能完成，很可能是你開始時想得太容易，以為隨便玩玩就可以學會。也可能是你盲從沒主見，看到大家都在學，或是舞臺上表演的人好帥好棒。還有就是你不夠堅持，明明只差幾步，就到目的地，你卻放棄了。

摸索期不能拖得太長

上班工作有試用期，學才藝或本領也有摸索期，不試試看，怎麼知道自己潛在的才能？但是，你要提醒自己，不要讓摸索期拖得太長，很多事情只要試幾次，大概就知道自己行不行。

同時，不要一次繳許多學費，例如補習班的保證班，後悔了，錢很難退回來。若是學樂器，可以用租借的，總不能為了學鋼琴，花十幾萬買鋼琴。有些才藝班可以試上兩堂，學費比較便宜，不要一頭栽進去，最後賠錢了事。

跟著自己的感覺走

你要找到自己真正喜歡並且擅長的，而不是跟著別人的感覺走。若是你喜歡的事情，再辛苦，你都不用催逼，主動會去上課。例如大提琴家蘇惠娟，她小學時就獨自搭車從臺中到臺北上課，每週固定往返，持續了許多年，後來她又到維也納深造，也是獨自在異國熬磨吃苦，就因為她喜歡，她願意付上辛苦代價。

不要輕易說放棄

跑一百公尺很輕鬆，如果跑兩百公尺或四百公尺，可能就會覺得困難了，接近終點時，雙腿痠痛無力，真想放棄。可是，只要咬緊牙關、勉強支撐，告訴自己別放棄，一定能抵達終點。當初周杰倫如果輕易放棄，就沒有機會讓吳宗憲幫他出版專輯，如今歌壇就少了這麼一位創作型歌手。

要知道，一旦放棄成自然，就可能變成習慣，什麼都做不好，即使就業也會常常換工作。所以，千萬不要任何事都做一半。

有效跨越障礙

你的困難不在於沒有興趣，而是無法堅持。只要發現自己有三次無以為繼的紀錄，學第四種東西時，就要慎重考慮。一旦下定決心，無論如何都要把這樣東西學會，不管吉他彈得好不好，跆拳學得像不像樣，至少要把基本功練完。除非你缺乏這項才能，否則你絕不能縱容自己，成為大家口中的「學一半」。

學會辨別東南西北不迷路

找到方向，人生就不致失去標竿。

不少人都有迷路的經驗吧！對一個不熟悉的環境或路線，找不到正確方向，這當然有可能。甚至有人連逛百貨公司都會迷路。所以，現代人十分倚賴GPS衛星導航，偏偏，衛星導航也會出錯，把人連車帶進山谷無路可走。

大樂四歲那年，跟爸媽和外婆到百貨公司購物，走啊走的，經過玩具區，大樂看到著迷，不由忘了跟上媽媽的腳步，等他發現媽媽外婆都不見了，嚇得大哭。其實媽媽就在他不遠的前方，他只要直直往前走，就會找到媽媽。可是在他沒有把握的狀況之下，他牢牢記得媽媽的叮嚀，萬一走丟了，一定要留在原地。

果然不久後，媽媽發現大樂走丟了，連忙往回找，母子相擁而泣那一剎那，媽媽並未大罵大樂，而是讚美他記得媽媽的囑咐。之後，大樂並未因此害怕出門。他知道，只要有所準備，即使迷路，還是可以找到方向。

為何你常常迷路？

的確，方向感是天生的，有些冒險家或登山家，就能夠在大海或群山之間找到出路，有些人卻連Google map 也看不懂。

除了天生沒有方向感，迷路者的常見原因，包括漫不經心，沒有投入專注力；膽子小，只要沒去過的地方，就不敢去；對自己沒信心，覺得自己一定會迷路；或是過於倚賴別人，只要無人同行，就裹足不前。

當然，也可能是你過去的迷路經驗，帶給你驚恐的回憶，因而不敢一個人出門，寧願躲在別人的羽翼下面，以免受害受傷。如此下去，你當然永遠無法弄清方向。

從住家附近開始練習

先不急著到陌生的區域或城市練習挑戰自己，可先從住家附近開始。你先從家門左邊出發，下次再從家門右邊出發，每次走路時，可畫簡圖，牢記經過的店家或特殊標誌，用手機拍照也是很好的幫助。走出門後，看看你是否能夠找到回家的路。

記得我去瑞典的斯德哥爾摩旅遊，領隊給我們兩小時自由活動時間，我憑著記憶，以為不會迷路，結果繞了遠路，又逢大雨傾盆，渾身溼透，集合時間將至，慌亂之餘，我想到自己的相機，有我沿路拍攝的照片，就這麼走出困境。

等你愈來愈熟練，家門附近的巷道都不會迷路時，再改為挑戰更遠的目標。

多搭乘公車、客運或捷運

除了上下學，平常多練習搭公車或客運，一次搭一條路線，輪流坐車子的左右邊，記錄你沿路看到的商家或廣告招牌。若是搭捷運，每次挑選一個捷運站下車，練習逛逛附近的餐廳、商店以及道路。別貪心，一下逛得太遠，回程時，才找得到路。

萬一迷路，就要想辦法讓自己脫困。脫困的辦法最常用的就是開口問路。我在歐洲許多國家自助旅行，靠著問路，脫離不少次困境。

練習看地圖

爸媽開車或你自己搭車時，學會看地圖是很重要的，你可以用紙本地圖，也可以用手機中的Google地圖。要知道，城市的馬路規畫，有一定的準則，例如臺北市的中心區，就有忠孝、仁愛、信義、和平四條路，跟他們交叉的就有新生、建國、復興、敦化、光復等路。

我到現在還常挑戰自己，每當應邀去陌生地演講，我會事先在地圖上找好我要走的路，或開車，或搭公車，讓自己多熟悉幾條路。

參加旅行團，很難搞懂方向，但若是自助旅行，下次再去，一定知道怎麼走。所以，每次出門，不要只顧著睡覺、聊天，強迫自己認清走過的路。即使沒有方向感、經常迷路，別擔心，還是可以靠著後天訓練，改變你不敢探險的怯縮之心。只要搞懂方向，任何需要冒險的事情或工作，自然就不會害怕了。

第26招 看電影充實知識寶庫

古往今來的人事物，盡在電影中。

你認為看電影是娛樂、消遣，還是對你大有幫助？或許你知道，讀課外書可以充實我們的知識、拓廣視野。但是你是否知道，電影也能達到這個目的，而且可以帶給我們許多生活樂趣，增加人際關係的話題。

小學開始，只要有機會，我都會跑到電影院。那時是個重男輕女的時代，渴望當男生的我，專看英雄片，當我發現我變不了男生後，我改看武俠片，甚至夢想離家到山上拜師求藝，成為眾多男生愛慕的女生。

漸漸的，我發現武俠片的主題大都圍繞著復仇、爭奪第一的迷思當中，改為欣賞偵探片學推理。直到我看了《環遊世界八十天》這部電影，深受影響，我立下志願，有朝一日也要環遊世界。

如今，我旅遊四十餘國，懂得從新聞事件中抽絲剝繭，放棄仇恨學會饒恕，我更懂得女生也可以發揮生命色彩，這些觀念，就是來自電影的鼓勵與安慰。

為何要看電影？

看電影跟看書不同。書本，大都是作者獨自完成，但是電影卻要靠許多人共同完成，包括編劇、導演、演員、攝影、服裝、化妝……。

不管是劇情片、警匪片、科幻片或是喜劇片，甚至大家認為的超級大爛片（至少你學會分辨好壞），都可以從中學到東西，一場電影看完，只要讓你哈哈大笑，或是被一句對白感動，甚至因為劇情發展，影響了你的某個決定，那都值得。電視劇當然也可以，只是集數太多，太花時間。

如何選擇對你有益的電影？

既然要看電影，就必須好好挑選。你可以參考影評或父母師長的推薦。同學朋友的推薦也不錯，至少你看過後跟他們有共通的話題。

電影類型很多，不妨先挑選自己喜愛的類型，一個月一部或兩部，去電影院或租DVD，或是看電影臺都可以。等你慢慢長大要交異性朋友時，也可以藉此測試他的觀影能力，了解他的程度。

如何從電影中撈寶？

看電影，除了挑男女主角，也可以從導演著手，知名導演的電影，大都有一定的水準。最能讓你撈到寶的就是電影主題、對白，以及結語。

《魔戒》中的佛羅多和山姆的朋友情誼，令人感動。他們成功毀滅魔戒，靠的是團隊的合作與犧牲。卡通片《動物方城市》中，兔子和天敵狐狸可以成為莫逆之交，小兔子也可以成為忠心職守的警察，都讓我們學到許多功課。

真實故事改編的，更多寶貝可撈，即使多麼曲折離奇，這些人事物卻是真實發生過的，也就是說，只要我們努力，也可能像他們一樣獲得成功，突破困境。

《鋼鐵英雄》說的是去戰場堅持不拿槍的軍醫戴斯蒙杜斯，因為信仰，他強調自己打仗是為了救人不是殺人，結果，沖繩一役，當美軍死傷嚴重撤退之際，他卻隻身留在日軍出沒的鋼鐵嶺上，不靠一槍一彈，救了七十幾位受傷的同袍，甚至獲得杜魯門總統頒發的勛章。他讓我們學到堅持的重要。

《攻其不備》，描寫一個被人遺棄嘲笑的黑人小孩，典型的邊緣人，卻得到白人女子的幫助，發現他的潛能，成為美式足球的明星球員。讓我們學會愛人不分膚色，任何生命都不卑賤。

看電影時，先挑最賣座的，例如《復仇者聯盟》或《變形金剛》系列，看完電影，不妨跟朋友分享心得，彼此激盪，更有收穫。記得隨身攜帶筆記本，即時記錄自己的觀影心得，把心得發表在網路上，因為看過的人多，可以引起熱烈討論，順便也可磨練文筆。

也可以練習出題讓大家討論，例如最有趣的對白、最感人的畫面、最激勵人的主題……說不定還可以得到很多「讚」呢！

跨越心理障礙

挪去心中恐懼與陰影，做個陽光小孩

勇敢抬起頭不再自卑

無論別人怎麼說，其實你不像自己想得那麼差。

絕大多數的生命都是在父母的期待下誕生，如此的尊貴。可是，漸漸地，受到周遭人事物的影響，有些人開始自暴自棄、退縮不前，這就是自卑心作祟。你討厭自己，在眾人面前抬不起頭，不敢表示意見，甚至覺得自己的出生是種錯誤。

小寒人如其名，讓人難以親近，因為誰跟她說話，她都嚇得結結巴巴，如驚弓之鳥。主要的是她臉上有塊胎記，只要有人多看她一眼，她立刻用手遮住胎記，頭也垂得低低的。如果剛好有人嘲笑她，她就會大哭。

雖然老師不斷安慰她，現在醫術進步，她長大後就可以除掉胎記，可是她依然為此自卑，甚至考試成績也每況愈下。她母親很擔心，即使未來除掉胎記，自卑已經在她心裡生根了。

你為何自卑？

雖然你沒有胎記，可是，你也和小寒一樣，為著自卑所苦，覺得自己樣樣不如人。那你先想想看，你到底自卑什麼？鼻子太大、眼睛太小、個子太矮、身體太胖，還是除了外貌，你也對自己的聲音、學業成績、家境、人際關係等自卑？

要知道，沒有一個人是十全十美的，況且，古往今來各國的美醜標準不同，例如：唐朝美女都是胖胖肉肉的，非洲人的皮膚幾乎都是黑褐色的，黑或白、胖或瘦，何者為美？

我念小學時，身材胖胖的，男生就笑我屁股大，當時我也氣得半死，甚至不敢穿長褲，害怕別人都看到我的大屁股。

你是否聽說過，有人整形無數次，希望自己變漂亮，結果呢？錢花了，罪受了，她依然不喜歡自己。

不要害怕自己的弱點見光死

如果訂定標準身高體重五官長相，我相信，沒有一個人可以達到標準。你若覺得自卑，就要想辦法讓弱點變優點，例如你的家世，爸媽窮、沒學問、沒社經地位，就不必為此去念貴族學校，讓自己更受排擠而自卑。反過來，你要更加努力，讓大家刮目相看。

若是身材缺點，不等別人論斷你，你自己主動說出來，或是想辦法藉著服裝美化它。至於課業成績，每個人擅長科目不同，何必以己之短，比別人的長處呢！

找出你的優點

你絕對擁有許多優點而不自知，因為你只看到自己的缺點，例如我羨慕其他同學英文好、歌聲如黃鶯、彈吉他如行雲流水……這些我都不擅長。

朋友一句話點醒我，「我雖然開了一家大公司，賺了很多錢，可是我好羨慕你會寫文章，還寫了一百多本書，我連一本也寫不出來。」

請你拿出紙筆，一樣樣列出來，你有什麼拿手項目？即使是跑步、跳遠，或是力氣大，甚至歌聲動人，都值得你抬頭挺胸。

跟有自信的朋友作伴

請跟陽光男、陽光女做朋友，絕對對你大有助益。

英國有個黑人女孩，從小不受歡迎，更慘的是，她媽媽也討厭她，整天罵她醜罵她笨，大冷天還在她床上潑水，她幾乎活不下去。直到她念中學時，遇到一個有愛心的老師，常常鼓勵她，後來她念了法律，成為英國第一個黑人女法官。

所以，只要遇見一位有愛心、會鼓勵你的老師或同學甚至鄰居，都可以激發你的鬥志，讓你不再垂頭喪氣。

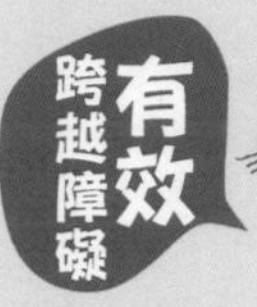

自卑多半來自於別人的嘲笑，只要你不怕別人笑，朝著自信道路邁進一大步。像我屁股大，又不可能把多餘的肉割掉，我就隨他們笑，然後努力成為全校唯一考上第一志願的人。所以，只要你有一樣強項，誰還敢笑你。

第28招
別讓害怕充斥生活

每個人內心都藏著恐懼，面對他，而不是裹足不前。

即使你多麼勇敢或是膽大包天，也會有你害怕的東西。所以，害怕、恐懼是必然的，每個人都逃不了的。但是，為了讓你每天生活快樂一些，不被恐懼所掌握，就要想辦法降低害怕，甚至趕走害怕。

阿盛長得人高馬大，全班同學看到他就肅然起敬，每當老師不在，班上同學吵鬧不休，班長也鎮壓不住時，阿盛只要從座位上站起來，立刻鴉雀無聲，同學低頭乖乖做自己的事情。像阿盛這號人物，大家都以為他天不怕地不怕。

某天大家排隊上廁所，突然竄出一隻蟑螂，大家狂呼「打死牠、打死牠。」蟑螂受驚後四竄，說時遲那時快，蟑螂飛向阿盛，只見阿盛嚇得慘叫不已，在走廊上亂跳，哭著說他要回家找媽媽打蟑螂，學校太髒太可怕了。

你覺得阿盛很丟臉嗎？身高幾乎全年級最高的他，膽子竟然如此之小。可是，不怕蟑螂的人，就比較勇敢嗎？他們一定也會害怕其他的東西。

像我，膽子很大，小二就獨自走山路、搭公車到城裡念書，老鼠蟑螂嚇不了我，唯獨怕蛇怕毛蟲，生物課本只要介紹到這些軟體動物們，我一定用釘書機把那幾頁釘起來，寧願考試不會寫也不去讀。

你到底怕些什麼？

每個人害怕的東西不同，你是怕黑、怕蛇、怕孤單、怕上學、怕上臺……害怕的背後必有原因，例如有些人天生就不喜歡吃青菜，他覺得青菜像草，吃起來很硬，咬不動，而且味道怪怪的，若是逼他吃，他肯定嚎啕大哭，抵死不從。

先找出你害怕的東西或事情，無論有幾樣幾件，都條列出來。

找出你害怕的原因

無風不起浪，事出必有因，當你列出所有令你害怕的事物，你再仔細思索原因。例如，害怕上學，因為老師很凶，同學很愛說你壞話、會霸凌你。至於怕考試的人，是因為你永遠都讀不完、考不好，或是考不好時媽媽會處罰，罵得很大聲，街坊鄰居都聽得到，讓你很丟臉。

只要找出原因，就比較容易面對它，以及消除它。

如何面對恐懼害怕？

對付恐懼的方法很簡單，那就是面對它、接受它、打敗它。

如果怕黑，就把電燈都開亮，即使睡覺也開小燈，或是坦白告訴爸媽，你需要有人陪伴。我當時被小偷嚇破膽後，就是媽媽陪我睡到我結婚為止。

怕老師或同學，你可以告訴爸媽，讓爸媽跟老師溝通，老師可能是恨鐵不成鋼，對你比較嚴厲。至於霸凌不敢說，你只會被欺負得更嚴重，騙錢騙更凶。

怕打針可以改為吃藥，或是緊閉雙眼數一二三或唱歌也可以。或是打完針讓爸媽請你客，用你對請客的盼望，抵銷打針的恐懼。像我不怕打針，比較怕吃藥，總是一口糖一口藥，才勉強吃下去。

心理學家說過，面對恐懼，最好的方法就是不要怕丟臉，直接說出你的恐懼。例如我癌症後，很怕做核磁共振，當我在臉書上分享後，一堆人安慰我，也說出他們的害怕，似乎，我的恐懼就減輕了。當我進入只有我獨處的檢查室，我會直接跟檢驗師說，我很害怕檢查，請他們一直跟我說話。說也奇怪，我的恐懼就減輕許多。

第29招 拋開負面情緒變得陽光

走出從小到大的陰暗面，不再消極悲觀。

任何事情你總是往壞處想，想法十分負面。別人認為天塌下來有高個子擋，你卻認為自己絕對逃不掉，會被活活壓死。

你很羨慕樂觀的人，整天笑嘻嘻的，可是，你卻是水做的，從早哭到晚，覺得自己很倒楣很不幸。

小凡就是個愛哭的孩子，沒人找她玩哭，同學不小心碰她一下也哭，吃不到點心更是哭，連她爸媽都受不了。念到小六時，小凡還是要媽媽每天送她上學，擔心她會被壞人抓走。原來她幼年曾經走失過，被帶去陌生人家，過了兩天才被找回，她害怕這事再度發生，所以哪兒都不敢去。此外，關於殺人、火災、地震、淹水等負面新聞，她都不敢看，擔心會發生在她身上。

每個人的童年過程不同，經歷過許多不同的事情，在心裡留下陰影或傷害。有些人會鼓勵你說出這些負面經驗，然後忘掉它，再去追求快樂。

問題是，當你找出心裡的陰暗面，它依然存在你的記憶當中，三不五時竄出來，不停騷擾你，可見得這不是好方法。

找出你內心的陽光小孩

說也奇怪，傷痛陰暗的部分，總是那麼深刻，那是因為我們不斷想起，它就在我們心裡愈扎愈深。所以，我們應該反過來做，那就是想想看，從小至今，有什麼讓你開心的事情，某個生日、河邊撈魚、去外婆家、溜滑梯、夏令營……

如果記不起來，可以翻找照片檔案，喚起你的記憶，然後把他們寫下來。這些就是你的陽光經驗。

學習接受負面的經歷

天有不測風雲，人生中必有風暴，旅行時原本風和日麗，突然傾盆大雨；或是你苦讀熬夜，結果卻考到全班倒數；或是恩愛的爸媽突然鬧離婚。

我出生時，爸爸就為國捐軀，我從未見過他。小時候被欺負，沒有爸爸罩我，我很生氣，覺得爸爸不愛我，不懂得為我保存生命。

後來我慢慢接受這件事，從另一個陽光角度思考，我爸爸很偉大，為了保衛其他人的爸媽，犧牲自己，他在忠烈祠內被人尊敬，他給了我名字，我的體內有一半是他，這是他曾經活著的證據。雖然失去爸爸，還有上帝爸爸愛我。

當你學著接受負面經歷，說也奇怪，他轉了個面，變得陽光起來。

後天也可以培養樂觀

從現在開始，試著把事情往好處想，例如：下雨天無法出門，可是對久旱不雨的農田有利；這次考不好，下次才有進步的空間，永遠第一名，壓力才更大；曾經被朋友騙過，你才知道如何找到真心朋友。

這樣的樂觀不是教你不要努力，聽天由命，而是以樂觀態度面對已經發生的事情，忘記背後，努力面前，面對陰暗天空時，卻看到遠方角落的一抹藍天。

當你慢慢變得陽光，即使再有任何失敗，包括考試、人際、求職或戀愛，你都不會害怕，你把他們當作你人生的養分，使你更加茁壯。

每當發生一件不幸的事情，你仔細觀察周遭同學或朋友的反應，誰比較積極樂觀，你就問問他，為何如此陽光？把他的祕訣學起來，累積成為你的加分。

同時，多看一些勵志書、勵志電影，讓一生不幸的主角告訴你，他如何走過陰暗、迎向陽光。當光來了，黑暗就乖乖讓位了，多想想你的陽光經驗或回憶吧！

第30招

勇敢拒絕不合理的要求

勇氣與自信，可以澈底擊潰別人的掌控。

面對不合理的要求，我們要勇敢說「不」，可是，為什麼你卻總是難以拒絕，只好勉強答應呢？這樣來者不拒、在所不「辭」。結果，卻引來一堆莫名其妙的「要求」，讓你疲於應付。

立成是同學口中的好好先生，什麼要求從不拒絕，借聯絡簿、代寫作業、借錢、幫同學騙爸媽，甚至把手機也借給別人，摔壞了也不敢叫同學賠。

因為手機是媽媽送的生日禮物，媽媽十分生氣立成不愛惜物品，處罰他兩個月沒有零用錢，立成只好說出事實真相。

導師從立成媽媽口中得知這事，把同學叫去辦公室責罵，同學恨死立成，立刻跟他絕交。立成萬萬沒想到事情會變成這樣，他氣媽媽、也氣同學，卻忘了檢討自己才是罪魁禍首。

為什麼你不敢拒絕？

要知道，我們有答應的權利，也有拒絕的權利，不是所有的要求都「必須」說「好」。

最常見的原因是，你怕得罪人、希望擁有好人緣，所以刻意討好所有人。也可能是你不知道如何拒絕，看到別人比你強勢，怕都怕死了，怎麼敢拒絕？更可能是你自認為做得到，所以來者不拒，卻把自己活活累死。

我曾經也是這樣的人，當時我負責編一份刊物，因為是我喜歡的男生大力推薦我，我為了求表現，讓他喜歡我，熬夜做完，結果，他搶走所有功勞，一句「謝謝」也沒有跟我說，更別說是喜歡我，完全是利用我。

視情況量力而為

朋友是應該互相幫忙的，可是，還是要看你的能力、時間而定，如果你能力不及，事倍功半，說不定無法贏得人緣，還得罪人。若是時間不夠，可能耽誤自己的課業，落得吃力不討好，把自己拖下水。

例如同學要你代寫報告，你不好意思拒絕，結果拚命趕完同學報告，自己卻沒時間念書，把考試考砸了。

更何況若是不合理的要求，你勉強應付一次，就會接二連三不斷來找你。即使是合情合理合法的事情，還是要視情況而定，不要委屈自己啊！

勇敢堅定的拒絕不當要求

只要是不對的事情，你直覺不該做的，就要堅定拒絕，毫無討價還價餘地。真正的朋友不會勉強你去做你不想做的事情，也不會利用你，更不會因此不理睬你，若是因為你拒絕而失去朋友，這種人怎麼能算朋友，何須為此傷心難過。

你看過新聞報導吧？有多少人因為朋友在派對中說，「試試看吧！只有一次，不會上癮的。」結果就接觸毒品，深陷毒海，欲罷不能。除了毒品，吸菸、喝酒、賭博、作弊、偷竊……都是不該答應的。

當你從小學會「拒絕」，漸漸長大了，戀愛時男友要求跟你發生性行為、上班以後客戶要你收賄，甚至老闆不當的要求你加班，你都會有勇氣拒絕。因為你知道，真愛不是用身體交換來的，工作表現不是用過度的血汗換來的。

先從家裡開始練習，家人對你的拒絕，接受度比較高，也比較會聽你解釋，不致從此不理你。例如，哥哥不想接的電話，要你謊說他不在，你要拒絕，叫他自己去處理面對；媽媽要你陪她逛街，你要勇敢說自己功課沒寫完。

第一次說「不」，會比較困難，說過幾次以後，你發現天沒有塌下來，也就不怕拒絕了。

第31招

走出好友離開的傷感

既然分離不可免，就要想辦法從淚海中脫困。

我們出生以後，不斷得到，卻也不斷失去，例如，失去我們的時間。朋友也會隨著我們長大而失去，一旦失去心愛的朋友，覺得無比傷感，嚴重時變得失魂落魄，想起他，眼淚就會掉下來。

個性內向的小艾，深陷失去朋友的淚海中，因為她當初在班上常被欺負，是坐她隔壁的小富挺身而出，要同學別欺負小艾，甚至為了表示挺她到底，每天放學都陪她回家，周末也會約了一起寫功課。

小艾以為，他們會一直同學下去，沒想到，小富的爸爸臨時被派到上海工作，全家一起搬走了。小艾哭得死去活來，即使小富安慰她，上海臺北很近，她隨時可以去看她，小艾依然傷心欲絕，好像心頭一塊肉被挖走了。

朋友來來去去是很自然的

為何會失去朋友呢？除了好友搬家，最常見的就是畢業、移民、轉學，或是我們自己搬家，不得不跟朋友分別。最難忍受的就是朋友發生意外或生病死了，你永遠永遠都看不到他了。尤其是好不容易結交到的朋友，更是難分難捨。

這種感覺有點像失戀，或失去心愛的東西，或失去你豢養的小狗小貓小兔子。當然也很像失去親人。無論父母或老師、同學怎麼勸，你都無法振作起來，甚至你根本沒告訴別人，自己默默陷溺在淚水裡。

從傷心的淚海中脫困

朋友不在你身邊已是改變不了的事實，要如何避免自己被淚水淹沒？

回想曾經擁有的美好。藉著過去的點滴、你們的照片，來彌補心裡的缺憾。舊地重遊也是個辦法，例如去你們常去的飲料店、速食店或常逛的那條街，甚至他的舊家，藉著重溫舊夢，溫暖自己。

保持聯絡，維繫昔日的情誼。這在分開初期可以安慰你。但要有心理準備，即使你想維繫，可是，兩地相隔遙遠，也可能漸漸聯絡少了，不要責怪他，那不是背叛。畢竟，時空相隔，就是一種難以跨越的距離。

所以，你不妨另外結交新朋友，若只定睛失去的，永遠不可能找到新的朋友。

人生難免悲歡離合

調整心態，迎新送舊。朋友如同潮水，來來去去，有的是一輩子的朋友，有的只是小學六年或中學三年之誼。慢慢學會面對這種悲慘的狀況，漸漸的，你的悲傷期就會縮短。習慣以後，就不怕失去了。

你是否注意到新聞報導，有些大學生，承受不了情人的分手，竟然痛下殺手，多麼令人痛心。你愈早經歷失去朋友的傷痛，就會明白，人生難免悲歡離合，舊的不去，新的不來，長大之後，就愈能面對情人的離開，而釋懷許多。

採取積極作法來排遣情緒，例如寫文章、畫圖、唱唱歌，甚至放段音樂跳跳舞，不要勉強壓抑，讓自己更難受。若能找到家人或其他同學，傾訴心裡的傷痛，會比較容易走出陰影。這恰好提醒我們，要主動對新轉來的同學伸出友善的手，說不定他正在失去朋友的悲傷中。

第32招

消除恐懼勇於上臺

在眾人面前說話表演，與其逃避，不如站上臺去。

你是否羨慕那些天生不怕上臺的人，無論是領獎、唱歌、演戲或是演講，他都怡然自若，但這種人畢竟是少數。如果我們沒有這種天分，就乾脆逃避這種上臺說話的機會嗎？

俊俊長得白皙清秀，人見人愛，說起話來更是字正腔圓，所以老師很喜歡派他代表班上參加比賽。偏偏他有舞臺恐懼症，只要站在有點高度的地方，即使是臺階上，他就會緊張得舌頭打結，全身發抖，眼睛不斷往上翻。

老師覺得很奇怪，就問俊俊的媽媽，才知道俊俊小時候給保母照顧，曾經不斷被高高舉起，甚至不停晃動，他嚇得大哭，從此，他就怕走樓梯、怕站在樓上往下看，更不要說是要他上臺表演了。

當然，不是每個人都像傻傻一樣，害怕上臺的原因也不盡相同，

找出你害怕上臺的原因

每次上臺，你會緊張、口吃、忘詞，擔心自己怯場而失態、丟臉？甚至舉步維艱，連走上臺也一直發抖。這些都是最常見的。

其實，害怕的主要原因，它是你從未經歷過的陌生經驗，你簡直不敢想像會發生什麼事情。當然，也可能是你曾經在上臺時受挫受傷，以致留下恐怖的經驗。

我小一時，很愛講話，老師決定指派我參加演講比賽，我不知天高地厚，立刻答應了，媽媽還特地為我裁製新衣服。

我與高采烈的到了校本部（我念的是分校），輪到我上臺時，正當我鞠躬後說出「校長、各位老師……」，隨即舌頭打結，望著臺下幾百雙眼睛，盯著我瞧，

好像要吞吃我的大野狼。背得滾瓜爛熟的稿子，竟然什麼也記不得了，呆呆站在臺上三分鐘，被老師拉下臺。從此打死我也絕不上臺。

事先多練習，習慣臺上的高度

如果上臺是必須的，那就好好練習，練習久了，熟悉了，恐懼就會消失了。

有一位著名的演說家，他從小學開始就參加演講比賽，卻每次忘詞，甚至連題目都記不得。直到國三，他決定雪恥，自動報名參加，然後在比賽前十天，每天放學到比賽場地，對著國父遺像背誦十遍，十天一百遍。到了比賽當天，他鼓著勇氣上臺，看著國父遺像一直背，總算順利講完，雖未得名，他卻很高興自己不再忘詞。

看到今天能說善道的他，誰都想不到他曾經是演講比賽的「常敗軍」。他用的就是事先練習，選定注視目標，轉移恐懼焦點的祕訣啊！

勇敢爭取上臺的機會訓練膽量

與其一輩子逃避，還不如想辦法克服「舞臺恐懼症」。那就是主動爭取上臺機會，例如在家人面前唱歌、說笑話，代表班上參加朗讀、戲劇、合唱等比賽。

被舞臺恐懼症纏繞多年的我，如今不但到全省各大專中小學校及公司行號演講，甚至國外的團體都會邀請我，這樣的膽量怎麼來的？

我三十八歲時罹患癌症，主動跟牧師要求上臺做見證，牧師答應了，我帶著稿子上臺，雖緊張萬分，卻因為帶著講稿，不用擔心忘詞，竟然完全沒有看稿就順利分享完。這以後，我藉著每次邀請，不斷訓練自己，從此開啟了我的演講之路。我才發現，原先害怕的事情，只要願意再度嘗試，就可能克服。

有效跨越障礙

沒有人天生什麼事都會，千萬別怕表現不好，你要繼續爭取機會，同時，事先做好準備。什麼叫做熟能生巧？那就是不斷練習，第一次煎荷包蛋不漂亮，煎一百次，一定可以煎出一個美麗的太陽。第一次說笑話不好笑，說一百次就可以讓別人笑成一團。

第33招

拒絕被比較

不管別人是否會把你比下去，也不要投降輸一半。

我們活在一個不斷比較的世界裡。從小在被比較的環境裡，我們很容易變得怕東怕西、動輒得咎，就怕輸給別人。

人比人，氣死人？這些愛比較的人，讓人每天都不開心。

小莉從四歲開始學鋼琴，她媽媽是位音樂班老師，教學嚴謹，口碑甚佳，媽媽認為自己教女兒，既可以省學費，而且可以傾囊相授，這卻苦了小莉。

媽媽對學生總是和顏悅色，對小莉卻沒好臉色，每次練琴，單單音階練習，就被媽媽嫌東嫌西，「你看看你，對面的小姊姊從放學回家練到現在，你一下子要喝飲料，一下子要上廁所，什麼時候才練得好？」

要不然就是說，「發表會快到了，你不要讓別人笑我，連自己的女兒都教不好。」

小莉的確有音樂天分，也喜歡鋼琴，但是，媽媽的做法卻把她的音樂細胞一個個掐死了。只要她自己彈得開心，為什麼要拿她跟別人比較？

為什麼大人那麼愛比較？

愛面子、輸不起的大人，包括父母或老師，最喜歡比較，他們擔心自己的孩子或學生不優秀，讓他們沒面子，要不就是他們自視甚高，覺得自己孩子最棒，怎麼可以輸給別人。

當然，有些完美主義的大人，他們有自己的超高標準，你所做一切都要合乎他們的標準。也可能是補償心理作祟，因為當初他們表現不佳，希望你討回面子，電影《天才的禮物》中那位天才媽媽就是如此，最後逼死了天才女兒。

為什麼不喜歡被比較

跟別人比較或許可以激勵你求進步，但是，人比人真的會氣死人，如果用你的短處，跟別人的長處相比，怎會比得過？

不喜歡被比較，通常它會帶來壓力。讓你不舒服，也可能是你擔心輸給別人，或是擔心失去朋友、失去父母的愛。尤其是本來表現比較差的人，如何追趕都追不上，卻又被拿來比較，怎麼會喜歡？

如何表達你討厭被比較？

每個生命的特質不同，放在同一個天平上，本來就不公平，若是反而讓你自暴自棄，豈不糟糕？

當你聽到被比較的話語，讓你不舒服，甚至情緒波濤起伏，就要勇敢地說出你的感覺，請他們停止比較。你若不反應，他們就會一直比較下去。

我向來不喜歡被比較，偏偏我媽媽最愛說，「因為你是女生，所以你會輸給男生。」我的老闆也說，「如果你是男生，我會多給你一些薪水。」試想，要比也應該比能力，哪有比性別的？所以，只要有人發表性別歧視言論，我絕對會有所反應。

脫離比較，勇敢做自己

若是害怕比較，索性逃避，結果可能更糟，選擇正面迎接，才有生機。

我的朋友有三個兒子，老大老二成績優秀，老么勉強考到五專，每逢寒暑假，全臺到處玩，根本不愛讀書，爸媽氣壞了，全心栽培大哥二哥。轉眼二十年過去，兩個哥哥相繼出國，完全忘了家鄉父母，照顧父母的反倒是職場表現最優秀的老么。

爸媽很後悔，跟老么道歉，他卻謝謝爸媽，「要不是你們放牛吃草，我怎麼可能照著自己的興趣去走？」

所以，莫聽他人比來比去的話，努力活出你自己。

有效跨越障礙

人比人，永遠比不完，也沒有一個比較的標準。他爸爸汽車大，他媽媽比較有學問，那又怎樣？那是他家的事，你要跟自己比，只要有進步就好，即使沒進步，只要沒放棄努力就好，總有一天，就會活出燦爛的自己。

第34招

遭遇挫折時不要放棄自己

看起來無路可走，想辦法自己開條路，找一個活下去的理由。

碰到困難，解決不了，找不到走下去的路，覺得人生乏味，活著沒意思，就想一死了之。這樣的新聞並不陌生，我們熱愛的藝人，可能無法大紅，或是愛情出現第三者，結果選擇自殺，你覺得這樣對嗎？

考試向來名列前茅的紅梅，畢業考時因為太緊張，漏了一大題，導致答案填錯格，原本預期畢業可以拿到市長獎，卻連家長會長獎都沒有。媽媽原本答應帶她去美國看奶奶，氣得取消了。紅梅很難過，她已經告訴所有同學了，卻無法成行，她覺得很丟臉。

她回家寫了遺書，站在陽臺上，打算一躍而下，幸好被管理員發現，極力阻止，同時通知119，攔下她。她媽媽趕回家，竟然一個巴掌甩向紅梅，說她鬧得整棟大樓都知道，丟死人了。她的母親這樣的做法，是否會導致紅梅再度選擇同樣方法放棄自己？

什麼原因讓你想放棄自己

大多數人遇到困境時，幾乎都會感到絕望、被遺棄，而且茫然無助，彷彿走入死巷子，不曉得如何是好？絕望的人最常選擇放棄，最怕的就是放棄自己的生命。不想活下去的最常見原因，就是感情受挫、成績不理想。

成績不理想的痛苦，我太懂了，小學全校排名前三名的我，進入國中，竟然因為不適應城市學校，落至倒數幾名，真是情何以堪？

有個第一志願資優班的學生，獨自到臺北求學，好朋友都留在鄉下高中，他因為某次段考考輸同學，無法面對資優班的競爭壓力，最後自殺了。

當我看到這則新聞，難過得不得了，我深深的可以體會他每天獨自來去搭火車上學的孤單與無助，因為我也經歷過。

放棄就沒有更棒的未來

很多人都會用這個理由鼓勵消極的你，可是這的確是真心話，死了，就永遠沒機會看到自己的輝煌。生命是寶貴的，無法死後復生。

有位唱爵士歌曲很有味道的女生，歌唱比賽得了前三名，很有機會在歌壇發展，卻因為男友劈腿，她燒炭自殺，讓人不勝唏噓。對不起她的是那個負心漢，他才該受到懲罰，為什麼傷心的女孩卻懲罰自己，讓單親老爸孤獨後半生。

有人登山迷路，走不出去，受不了山裡的陰森可怕，乾脆留下遺書自殺。當救難人員發現他時，發現前方不遠處就有救難小屋，他卻永遠沒有機會脫困了。

如何尋找生機？

那就是尋找關心你、愛你的人，甚至是告訴可以幫助你的人，也就是要懂得求助。如同我們突發急病，要打119叫救護車。

更正面積極的就是找到活下去的理由，想辦法找出路，或是繳出美好的成績單。失戀的人最常用這招東山再起，電視劇或電影有不少類似情節。

有效跨越障礙

此路不通，追兵在後，你是束手就擒，還是苦等蝙蝠俠救援？天無絕人之路，當你遇到讀書瓶頸時，請找一個人幫你；當你失去喜歡的人時，想想還有其他愛你的人；當你覺得自己沒有價值時，請好友告訴你有什麼優點……風暴只是暫時，你一定可以找到出路。自殺也需要勇氣，把這股勇氣用來奮力一搏，向自己證明，你可以忍一時的羞辱，尋找適當的機會，再來一遍。兩遍不行，就繼續再繼續……

第35招 學會情緒控制

亂發脾氣、發洩怒氣，解決不了問題。

每逢不開心時，你會怎麼做？靜靜哭泣，躲起來不見人，大吃一頓，買新衣服，還是亂摔東西、罵人、打人，亂發脾氣。這樣下去，你會有朋友嗎？將來會有前途嗎？

慧君是家中獨生女，爸爸在外地工作，不常回家，媽媽工作也很忙，沒耐心跟慧君溝通，慧君跟父母說話，都要速戰速決，否則爸媽很快又不見了。

漸漸的，慧君變得脾氣焦躁，一言不和，就大發脾氣。某次聽說爸爸返臺只有一週，不是預定的兩週，她氣得大哭，摔房門、扔花瓶，甚至砸爛一臺電視，氣到爸爸返回外地工作，還是不跟爸爸說話。

慧君跟同學相處也好不到哪兒去，只要別人不順她的意，她就亂喊亂叫亂罵人，同學送她一個「暴風女」的綽號，她到哪兒，就肆虐到哪兒。

為什麼你愛發脾氣？

每個人都有情緒，但是，出生以後會受到環境或周邊人物的影響，而有所不同。

年幼時，因為所會的詞彙不多，無法表達清楚，對方又沒耐心傾聽或等待，你免不了如同嬰兒，只能哇哇大哭。慢慢的，就會養成你的壞脾氣。也可能是爸媽見你跺腳、哭泣、撒嬌，認為好玩，沒注意糾正你，而習以為常。或是你發脾氣時，爸媽不曾了解原因，只是用糖果、玩具哄你，而每況愈下。

當然也可能你是保母或爺爺奶奶帶大的，冷落或寵溺，都會使你情緒不穩定。

另外，原生家庭使然，爸媽三天一大吵兩天一小吵，你把他們當作學習對象，而刻意模仿以吵架作為溝通方式。

控制不了情緒造成的禍害

千萬別小看縱容情緒亂馬奔騰的後果，要知道，星星之火可以燎原，那些不懂控制怒氣的人，一旦亂發火，結果是很可怕的。

例如：刮鄰居車子、燒整排機車、燒房子、大鬧急診室、掀小吃攤的桌子，這樣的新聞十分常見。至於那些動輒跳到桌上或搶麥克風的民意代表，都是不懂得控制情緒之人。

別以為只是傷到別人，你自己也會受到內傷，情緒反彈到你身上，導致心情不好、胃口不好，甚至口臭便祕嚴重，還有胃痛頭痛失眠，整個人身心靈都大受虧損。可想而知，你也沒有什麼朋友，那些孤獨度日的人，都是脾氣很恐怖的人。

找出亂發脾氣的原因對症下藥

若是你有自知之明，或是朋友點醒你，你也很想改善亂發脾氣，最佳方式是尋求諮商專家，或輔導老師的協助，循序漸進的改善。

情況不嚴重，或是偶爾發飆的人，不妨請家人或朋友隨時提醒你。我就是個性急躁的人，尤其疲累或睡眠不足時，情緒就不怎麼聽話，我就會事先跟朋友說，屆時提醒我避免跟別人大小聲。

另外，請記錄會讓你生氣的事情，肚子餓、爸媽失約、來MC、考試不理想、臉上長青春痘、被人偷瞄……然後，努力避免讓這些事情發生。

同時，盡量跟情緒穩定、溫和、理性的人做朋友，虛心求教消弭怒氣的妙方。更要學會道歉，避免讓星星之火變成燎原大火。

美國加州大火經常在夏天乾燥炎熱時發作，正是提醒我們水源（可以滅火）的重要，同時遠離靠近森林的住處（避免惹火上身），免遭池魚之殃。

脾氣發作前，通常都會有明顯症狀，例如：呼吸急促、怒火上升、面紅耳赤，甚至你會發現別人臉上出現困惑或害怕的表情，你就要立刻以最快速度離開現場，喝水、上廁所、看看窗外，轉移情緒，以免犯下傷人傷己的憾事。

第36招

勇闖陌生地

願意冒險，才能找到更多出路。

「冒險」，就是即使有危險，還是勇敢前進。若你只想待在安全的地方，你可能錯過人生最有趣的光景。

馬克吐溫的《湯姆歷險記》、梅爾維爾的《白鯨記》、C. S.路易斯的《納尼亞傳奇》……你讀過沒？啊？你一本也沒看過，你討厭冒險，不喜歡出門。那麼我再問你，航海家哥倫布聽過沒有？

建洛是一個跟哥倫布完全相反的人。從小只要是沒聽過的地方都不想去，更別說是夏令營這類的活動。當他考大學那年，因為填錯志願，錄取了外縣市大學，他說什麼都不想去念，可是，又擔心重考考得更糟，最後只好硬起頭皮去念了。

新生訓練時，媽媽陪，開學報到時，爸爸陪，可是他還是不斷打電話回家，說他讀不下去了，他要回家。媽媽只好辭掉工作，租了房子，陪建洛一起讀書。

這時，媽媽突然發現自己罹患癌症，必須到醫院治療，這下建洛開始慌了，他不停哭泣，吵著要媽媽陪，爸媽這才警覺到，繼續這樣下去，建洛很可能變成「啃老族」。

人生本來就充滿冒險

說穿了，自從我們離開媽媽的子宮以後，每天都在冒險，沒有了媽媽的蔭蔽，我們完全要靠自己，而且，我們每天都在接觸新事物，即使是嬰兒，也要吃沒吃過的食物。想想看，穿衣、飲食、走路、跑跳等事，哪一樣是你曾經做過的？

就像離家念幼兒園的三歲孩子，到了學校，因為害怕陌生，同時又離開爸媽，幾乎都會哭個不停，可是，媽媽再不捨，還是要狠心放開手，讓孩子學會獨立。

哥倫布出生於熱那亞，家境貧窮，卻有好奇心，當他聽說地球是圓的，不是平的，他就想去探險，找到去印度的捷徑，即使別人笑他，他還是不斷作夢。直到西班牙女王給了他一筆錢，他又找到一批願意冒險的水手，才展開冒險之旅。歷經艱辛風暴及危險，他穿過大西洋，發現了美洲新大陸，雖不是他夢想的印度，但至少他的冒險有了成果。

如果不出發，我們永遠看不到這片新大陸，也無法知曉，其實有很多很多地方，是我們沒有去過的。那麼要如何學習「冒險」呢？

嘗試吃你沒吃過的食物

民以食為天，我們每天都要吃東西，你可以鼓勵自己，不能每天，至少每週要吃一種新食物，無論你喜不喜歡，至少你品嘗過了。

嘗試做你沒做過的事情

鞦韆你盪過吧？你可以盪多高？試試看盪得很高很高。公園裡我看到兩歲多小朋友，盪得很高，他都不害怕，你怕什麼？

單獨搭公車、跟陌生人說話、請占據博愛座的人起來，讓座給老人家……。事情不需要很偉大，就只是挑戰自己。

日本動畫大師宮崎駿的故事中，就充滿冒險色彩，例如《神隱少女》，他透過故事，讓孩子們了解，冒險可以開啟人生許多的困惑之門。不要只停留在電影故事之中，你也可以出發、去冒險。

目前臺灣很流行跑馬拉松，包括迷你馬、半馬、全馬和超馬。給你自己一個挑戰，先了解這幾種馬拉松的不同，然後，接受基本訓練後，從迷你馬開始，參加馬拉松。

如果你不擅長跑步，也可以用其他目標挑戰自己，例如在你居住城市的地圖上，隨便指一條路，然後想辦法藉著各種交通工具找到這條路。

讓嫉妒之火轉換為讚美之泉

見不得別人比你好的狹窄心胸，讓你失去許多友誼。

每座山有不同的高度，你是要嫉妒比你高的山，天天祈禱它倒下來；還是，自己努力長高？假使長不高，也可以發揮你的長處，山雖不高，卻長了特殊林木；山不壯，卻有美麗的瀑布；山陡峭不易攀爬，卻可以為城鎮擋住颱風。

嫉妒這把火，偏偏讓你看不到這些。

紀偉從小學業成績好，長相可愛，口齒伶俐，他卻很不快樂。只要他考了第二名，他就不跟第一名說話；只要有人讚美他哥哥，他就破壞哥哥的作業；只要有錢同學換了新手機，他就怪爸爸媽媽不會賺錢……

他不只是愛比較，更見不得別人比他好。問題是，世界這麼大，比來比去，他的嫉妒要到何時才會終了？他的嫉妒又會傷害他到什麼程度？

嫉妒的情緒人皆有之

我們都不是完美的人，難免會有負面情緒，有人自卑、有人驕傲，有人殘暴，有人妒火中燒，不要為此譴責自己、討厭自己，而是要想辦法轉化或降低這種情緒。只要你有這番心意，了解嫉妒的壞處，你就會願意讓妒火降溫。

嫉妒之火毀滅力無窮

希臘神話中有位嫉妒女神——赫拉，就是宙斯的妻子，只要被她發現宙斯喜歡別的女神，她會想盡辦法追殺她們，搞得天怒人怨。錯在那位風流的老公宙斯，不該只怪那些女生啊！

《聖經》中也記載雙胞胎兄弟以掃和雅各的嫉妒史，雅各嫉妒以掃可以得到父親的祝福，就用紅豆湯騙取以掃的長子名分，並且聽媽媽的建議，冒充以掃領受父親的祝福。結果，擔心以掃報復的雅各只好逃到外地，被迫和他所愛的媽媽分離，終身見不到媽媽。

由此可見，嫉妒的殺傷力很大，稍不留神，就會種下禍根，腐蝕人心，讓人變得面目猙獰。更可怕的是變成仇恨，想要毀滅別人。

找出嫉妒的原因

通常沒有自信、心胸狹窄或獨占欲強的人，最愛嫉妒，因為得不到的，他也不希望別人得到。例如長相、歌聲、舞藝、人緣（尤其是異性緣）、學業成績、富裕的家境、父母的寵愛、情殺案件……，都跟嫉妒有關。

多看看自己擁有的，嫉妒之火就可能變弱，甚至熄滅。同時，每個人都有不足之處，你覺得他擁有很多，很可能他也羨慕你的某些長處。

曾有一位成績優秀的留學生，因為沒有選上系代表，他覺得自己很優秀卻落選了，憤而殺死新當選的系代表，他就以為沒有對手，可以重新被選上系代表，結果，他卻要在牢裡度過一生，什麼榮耀都沒有了。

要知道，即使你是世界第一，這個寶座也無法長久。如果那位留學生能轉換心情，告訴自己，即使沒當選系代表，他仍然擁有自己的天空。學習祝福別人，接受自己，才能讓自己從嫉妒中脫身，不被綑綁。

請寫下你嫉妒的對象、原因，並且注明你窮盡一生是否可能超越他？如果不可能，何必嫉妒他？同時寫下你擁有，他卻沒有的優點，你心裡就會好過一些。

況且，即使你是全班、全校、全市，甚至全臺灣第一，也無法成為世界第一，即使可以，未來還有其他第一。將嫉妒改為稱讚，在各自的山頭享受榮耀，所有的山頭才能快樂並存啊！

第38招 摯愛離開世界後慢慢撫平傷痛

親愛的人、喜愛的動物，先你而去，如何排遣傷心難捨的情感？

生命無法永恆，這是很殘酷也很傷感的事實。

一般來說，年長者，例如：爺爺奶奶外公外婆……大都會先我們而去，此外，家裡的動物朋友，例如貓、狗、小鳥……壽命則更短，無論我們多喜歡牠們，捨不得牠們，終留不住牠們。

薇薇經得爸媽允許，收容流浪狗球球。每天放學，薇薇最喜歡帶著球球到公園裡丟球，每回望著球球跑步的姿態，就想起球球剛到她家的垂垂將死，因為她的悉心照料，球球才起死回生，成為薇薇孤單寂寞時最好的同伴。

某個元宵節，薇薇照例帶球球去公園玩、看花燈，球球興奮得叫個不停。突然有人點燃鞭炮，球球被突來的巨大聲響嚇得到處亂竄，衝過馬路時，被駛過的公車撞上。薇薇抱起癱軟的球球，已經沒有了呼吸心跳，她坐在路邊，不斷呼喚球球，眼淚流了又流，哭得昏厥過去。

面對摯愛的離去，這是比什麼都要難受的事情，即使哭斷肝腸，也不可能喚回牠。可是，每天這樣一直哭也不是辦法，這種傷痛的情緒要如何轉換？又要如何找回生命的希望？

多想想他們的好

曾經相伴過，一定留有美好的回憶，你可以翻看電腦裡的照片，回憶跟他們相伴的情景。也可以舊地重遊，去你們常去的咖啡館、喝你們常喝的飲料，或是一起去的電影院，坐在同一個座位上，重溫舊夢。

尤其是他們對你的好，曾經說過的話，帶給你的正面影響，都能撫慰你。那些美好的經驗，多少能轉移你的悲傷。

蒐集他們留下的東西

無論是親友或動物朋友，都會留下物品。睹物思人，即使傷心掉淚，也是一種情緒的排遣。幼年時我住在外婆家，外婆非常愛我，外婆去世時，我挑了她經常穿的一件紅毛衣，冬天時穿在身上，感覺上，外婆並未離去。

若是貓狗等動物朋友，可以留下他們的玩具或寢具，洗乾淨放在牠們平時睡覺的角落，也能撫慰你。

跟別人談談你的摯愛

如果有人願意傾聽，或是他也有同樣經歷，你可以跟他聊天分享，傾吐也可以減緩傷痛。

我曾經寫過一本小說，哀悼逝去的好友，也寫過好幾篇文章懷念我家的小狗，

用這種方式紀念他們。似乎哀痛就轉為思念，漸漸的，把他們放在記憶深處。

跟流淚的人一起哭

哭一哭也是件好事，壓抑在心裡，反而更加難受。誰沒有爸媽，誰沒有親人，他們因失去親人而傷心時，就陪他們哭一哭吧！

我從未看過在天津為國捐軀的爸爸，他甚至連墳墓都沒有，每當媽媽打我時，我就抱著爸爸照片哭。如果當時有一個懂我的人，把我抱在懷裡哭，我就不會傷心那麼多年，而走不出失去父親的陰影。

好好地哭個夠，哭夠了，就告訴自己，再也不哭了，你要好好活下去，為了失去的他，快樂勇敢的活下去。

也可以用哀悼對方的方式，一束花、一篇文章，帶到他的墳頭，獻給他，念給他聽，然後從此跟悲傷畫清界線。

第39招 有夢想的人生路才精采有趣

夢想不是空想，而是你未來可以實現的目標及志向。

誰都無法掌握自己的明天，那麼為什麼還要有夢想？尤其是倒楣運不斷的人，更認為自己沒有夢想的權利。任何事沒有做之前，千萬不要說你不行、你不會，夢過、做過，很可能發生出乎意料的結果。

如雲最討厭寫「我的志願」、「我的夢想」之類的作文，說什麼，人因夢想而偉大，那根本是痴人說夢，幹麼給自己找煩惱，以後念什麼學校、做什麼行業，到時候就知道了，她現在只要每天過好就好。

她姊姊立志念臺大，結果沒考上就自殺了，她才不要落得這個悲慘下場。夢想反而變成殺手，沒有夢就不會失望。她卻不知，她姊姊的死，是因為無法面對失敗，跟夢想無關，她姊姊至少還是有夢想啊！

為什麼要有夢想？

夢想是指我們努力的目標、方向，正如同我們要出門，你是要去學校、百貨公司還是便利商店？總有一個確定的地點，而不是漫無目的的東轉西轉。

舉例來說，你想考到理想學校，好高騖遠不用功，當然不容易達成心願，若是一步步往前走，就可能走到目標，不至於偏離。或是，你想買一輛自行車，你就要努力存錢或是想辦法賺錢，就可以完成心願。

夢想不在乎是大是小，先有小夢想，接著中夢想、大夢想。你這一生才不會虛度光陰。

有夢想讓我們快樂

你當然可以選擇一事無成，渾噩一生。可是，若有夢想，你或許能夠完成很棒的事情。只要看看這些前人的夢想，就知道他們帶給我們多少的快樂便利。

萊特兄弟對飛行好奇，結果發明了飛機，讓我們可以搭飛機到世界各地。

卡通大師華德狄斯耐童年住在農場，沒事就喜歡畫小動物，為此媽媽還給他買了畫冊，長大後基於對動畫的興趣，開始一系列卡通影片的拍攝。

還有吳寶春，原本是一個麵包學徒，為了讓傳統麵包變得更加美味可口，他努力研究，不斷練習，不但得到國際大獎，也影響許多年輕人投入麵包行列。

想想看，你是否可以完成一個夢想，帶給別人快樂？或至少帶給自己快樂？

夢想實現的成就感

想一個具體可實現的夢想，也是你喜歡的事情，才有動力去做，結合冒險計畫，利用暑假或寒假去完成它，例如單車環島。

你也可以立志到臺灣各地吃一百家牛肉麵、一百家蚵仔麵線、一百家珍珠奶茶……比較彼此的口味、價位，說不定你長大後開一家店，比他們都美味可口。

我童年有兩大夢想，一個是渴望得到諾貝爾文學獎，雖然目前只得到國內的文學獎，但我仍在努力中。第二個夢想是環遊世界，我除了跟團旅行，也自助旅行，去了四十幾個國家旅遊，開拓自己的眼界，增加不少奇特的經驗。

只要有夢，努力去做，就可能實現。

有效跨越障礙

只要有一絲絲心動，就立刻採取行動。不要想太多，去做就對啦！例如你喜歡打電動，卻覺得別人設計的遊戲太無趣，你可以立刻拜師學習，或是閱讀相關書籍，你就可以設計好玩的遊戲軟體，不但自己開心，也帶給電玩族樂趣。

跨越生活障礙

重新調整生活態度，過得快樂有創意

第40招 讓亂七八糟的你變得有秩序

生活沒有條理，你會經常事倍功半。

你是否去過同學家或親戚家拜訪？他們的家是井然有序或是亂七八糟好像垃圾堆？還是讓你眼睛一亮，希望待久一點？那些維持得乾淨整潔的房子，很容易讓人有好感，而那些到處都是汙垢、髒亂的家，誰會有好感呢？

允晨上學經常遲到，不是找不到襪子，就是作業簿不見了，翻箱倒櫃許久，才發現作業簿壓在小狗窩下面。他的內務更是一團亂，棉被沒摺疊、穿過的髒襪髒衣塞在床底下、床上堆滿玩具，擤過鼻涕的衛生紙桌上、地上到處都是……。他媽媽不曉得說過多少次，允晨心血來潮整理一下，過兩天又亂了。

讀書更是沒章法，每本書讀幾頁就扔在一旁，結果沒一科是真正讀完的。

你是否也有類似經驗？每次要出門找不到要穿的衣物，因為你平常都是把衣物一件件往衣櫥塞，不摺疊、也不用衣架掛起來，當然無法立刻找到，即使找到，也像梅乾菜一樣皺巴巴的，或是明明有十幾雙襪子，就是找不到乾淨的。

邋遢懶散有什麼不好？

邋遢懶散就是你的生活模式，你早就習以為常，甚至你根本對髒亂無感，也不覺得這樣不好。你的生活過得隨心所欲、自由自在，不但內務如此，連功課、交友都亂七八糟。這些都是連鎖反應，愈來愈糟，使得做事也沒有章法，耗費許多時間，卻達不到預期效果，到最後很可能什麼都做不好。

你的生活為什麼毫無章法

如果想要改變，就要弄清楚你為什麼有個混亂人生？從小使然、環境使然，還是習慣成自然？可能是你有一對邋遢的父母或是父母雖然無法忍受你的邋遢，卻每次都幫你整理，久了，你就習慣地球最強老爸老媽的神救援。怪不得有人說孩子懶是爸媽寵的。當然也不能全怪父母，有時候就是你自己造成的。

整齊清潔井然有序的好處

當你開始羨慕同學的表現，或是想要積極向上求進步，甚至覺得孤單的自己想要結交朋友……，也就是說你開始希望生活有所不同，也明白懶散邋遢會毀了你的一生，就會想要改變。當然，不需要一塵不染像無菌室，或是整齊劃一得像軍隊，至少不要太混亂，這樣你回到家時，就會覺得舒適自在。

當你的生活開始井然有序，就會發現自己其他方面也改變了，例如有人願意親近你、作業也能準時繳，甚至跟家人的關係也變得和睦。

如何開始整頓自己

你可以先從自己的房間開始整理，是書桌亂、床鋪亂，還是全部都亂？先設定目標，每週安排時間一樣樣開始整理，不再使用的物品或書籍，一定要清理掉或是裝箱送人。

剛開始會花比較多時間，後續整理就比較省時了。當整個房間整理妥當，千萬不能讓他們再度淪陷，那就要養成隨手將物品歸位的習慣，乾淨衣服掛起來，換洗衣物放在洗衣籃，書本放書架、待寫的作業放桌上……。

剛開始你或許不習慣，慢慢的你會發現自己的時間多出來，對生活有期待，甚至生活態度也變得積極樂觀，更棒的是你主動跟爸媽說，「我覺得我們家太亂了，我要利用假日好好整理一番。」

有效跨越障礙

疊棉被疊棉被疊棉被……掛衣服掛衣服掛衣服……書排好書排好書排好……不管是哪一件內務，先挑選一件做好，然後循序漸進。

多去參觀有條不紊的同學家，請教他如何整理房間，如何規畫讀書，如何安排生活順序……，將別人的整頓祕訣變成你的，而且至少每個月整理一次。

第41招

別讓自己追著時間跑

在有限的時間裡，完成許多事情，是需要計畫和智慧的。

時間對我們是很公平，男生、女生，老人、小孩，窮人、富人，白種人、黃種人……，每個人一天都只有二十四小時。可是，為什麼你總是覺得時間不夠用？書讀不完、功課寫不完、電動玩不夠，你似乎整天追著時間跑。

媽媽對惠雯的要求很高，她被媽媽的壓力逼得事事追求完美，作業不滿意，撕掉重寫，考試時不滿意，擦了又擦，所以永遠寫不完考卷。

她洗澡往往洗一小時以上，媽媽罵她浪費水、浪費瓦斯。因為動作太慢，所以很晚上床，她的睡眠永遠都不夠，精神不濟，成績當然也不好。

媽媽只好把她從私立中學轉到普通國中，可是情況依然沒有改善，惠雯考試，永遠都是最後一個交卷，而且經常夢到自己寫不完考卷，嚇得哭醒。

時間為何不夠用？

多半是你的動作太慢。思考慢、寫得慢，或是讀寫時不夠專心，一會兒開冰箱，一會兒滑手機，或一會兒偷看幾眼電視。當然也可能是你對自己要求嚴苛，過於完美主義，把時間都浪費在重複書寫。

其次就是散漫沒計畫，想做什麼就做什麼，隨心所欲，過於寵愛自己，例如坐在馬桶上發呆，睡覺時想要運動，運動時想起沒寫的功課……。

也有可能是你雖有計畫，卻未照表操課，計畫擺著好看，幾乎從未做到過。

強迫自己習慣用鬧鐘

時間管理差勁、效率又糟糕的人，最需要用鬧鐘或手機鬧鈴來提醒。尤其是現在手機方便，你每做一件事，就設定好時間，時間到，即使做不完也要放下，接著紀錄你未完成的原因，修正計畫，然後提醒自己下次一定要改善。如同男生服兵役、我們參加夏令營，都要照時間團體行動般強迫自己。

做自己的老闆管好自己

當然你要做酷老闆，而不是自己都遲到早退的老闆。好老闆除了自己會以身作則，管理員工也不會隨心所欲，每天上下班要打卡，遲到早退就扣錢。你也要如此規定自己，沒讀完書就不開冰箱，沒寫完功課就不打電話或上網看電視。

我當年因為癌症，提早離開職場，沒了薪水收入，只能靠稿費維生，所以我規定自己一天至少寫三千字，一週寫五天，若是進度沒達到，週六週日就放棄玩樂，趕上進度，一年維持出版兩本書。我自己督促自己，幾十年來未曾改變。

總有一天時間會多出來

只要你開始管理時間，並且嚴格執行，你會發現，時間的壓力慢慢減輕了，甚至還會多出時間來從事休閒娛樂。這個原則也可以應用在其他方面，例如我自助旅行時每天預算兩千元，絕不超過，到行程最後，發現錢多出來，立刻慰勞自己去吃一頓大餐。若是我隨心所欲亂花錢，旅程尚未結束，搞不好就沒錢可花了。

任何新計畫的執行，想要達到預期效果，最好有同伴一起做，你可以尋找跟你有同樣困擾的同學，若沒有，就找爸媽或兄弟姊妹。以一週為單位，互相砥礪，彼此檢討改進，即使照預定目標只多出二十分鐘都是進步。

達到目標時，別忘了獎勵自己喔！

第42招 小錢也能變成一筆大財富

懂得理財，才不會天天哭窮。

年紀還小的你，既不能打工，也沒有收入，除了零用錢或壓歲錢，沒有多餘的錢，這樣子還需要管理錢嗎？當然需要，從小學習支配小錢，等以後錢變多了，就懂得如何管理財富，甚至讓小錢變成大財富。

欣瑜的爸爸經常出差，所以爸爸都會事先在她的帳戶裡存一筆錢，除了壓歲錢以及每個月的零用錢，她有將近十萬元存款可以動支。

當同學討論買什麼牌子手機，她明知媽媽不准，她也跟著同學偷偷買了手機，卻沒注意到每個月吃到飽的通信費就要999元，這變成她的一筆大開銷。

更糟的是，擁有第一支手機後，她又想換新手機，結果，愈陷愈深。等媽媽發現時，她的銀行存款已經所剩無幾。

月花費先從記帳開始

每個月都有固定開銷，例如餐費、點心費、圖書費、娛樂費、治裝費……，這些錢一筆筆列舉出來，就知道你平常的開銷是否太浪費？從而懂得如何節省、量入為出。

先從記帳開始，即使是十元茶葉蛋、二十二元飯糰也記下來。不少人習慣買飲料，尤其是夏天，金桔檸檬、麥香奶綠、珍珠奶茶，一天買一杯，你是否計算過，一個月要花多少錢？加上鹽酥雞、炸雞排、臭豆腐、爆米花……各種小吃，天哪！這些開銷也不小。更誇張的就是運動鞋還可以穿，又買新的，頭髮剛剪過，又上美容院。

如何增加額外收入？

想要增加財富，就要懂得循合法的途徑增加收入。

美國有些青少年，就會幫鄰居除草、遛狗來賺外快。至於你，也可以幫忙鄰居顧小孩，或是幫附近小吃攤洗碗，賺取小錢。或是努力用功得到好成績，換取爸媽給的獎金，或學校的獎學金。另外，善用你的才能，參加各項比賽（例如畫圖、唱歌比賽或是網路舉辦提供獎金的活動），贏取獎金。

養成儲蓄習慣

即使你的壓歲錢由父母暫時保管，每年農曆年後幫你存進銀行或郵局的帳戶裡，你也可以跟父母一起討論如何規畫，例如變成有利息的定期存款，或是買穩定型基金。

此外，即使你的零用錢或收入不多，也要養成儲蓄習慣。你可以自我規定，儲存十分之一，一千元存一百元。不需要的開銷，就不要支付，例如放學回家吃飯，就可以省下餐費，然後記得把錢存起來。

有個男生當兵時，把微薄薪餉扣除交通費後，全部存起來，即使有休假，他也不出去花錢。十一個月後退伍，他用存款購買夢想已久的音響。這不是很棒嗎？

節儉永遠是美德

不是叫你小氣，或是什麼錢都不花，而是學會不浪費，把錢用在該用的地方。你不妨問自己，每天一杯咖啡必須嗎？早餐一定要吃兩個飯糰才夠嗎？是否可以找到同樣價錢卻比較大的飯糰？手機真的需要嗎？每個月的月費，無形中占去你的其他開銷。

參考書或課外讀物，可以買二手書，就能省錢。與其到電影院，不如租DVD，甚至跟同學輪流看或一起看，大家分攤租金。買新衣服只買換季或減價品。一件199元的T恤，也可以穿得很帥氣。

富有的人，都懂得財物的分配。所以，永遠要記得，讓你的收入大於支出，才不會過著捉襟見肘的生活。那就是，買需要的，而不是想要的。

同時，每個月都要檢視自己的帳戶和記帳本，若有超支或浪費情事，下個月立刻修正過來，免得積重難返。

第43招 活出獨創特色

模仿別人，學的再像，卻永遠是別人的影子。

這是個充滿創意的年代，臺灣的優勢，也在於我們擁有的創意。早期，臺灣的科技業以代工為主，做得再好，也是別人的榮耀。終於有人領悟到，必須開創新產品，建立自己的品牌，才有競爭力，也才能生存。

美仙，人如其名，美若天仙，卻給人假假的感覺。因為她走路學某個名模、說話學某個藝人、髮型像某個韓星，連裝扮都有似曾相識的感覺。

當美仙參加國際交換學生的競逐，她覺得自己十拿九穩，但她分享的是別人的經驗、引用的是別人的稿子，即使是口試，她也無法表達屬於自己的想法。

她的同學雖然長相平凡，甚至說話略有口吃，可是，她擁有個人特色，表現讓評審老師眼睛一亮，最後贏得交換學生的機會。美仙卻落選了。

每個人的生命都是獨一無二

我們來自不同家庭，不應該像影印機。即使同卵雙胞胎，雖然長相酷似，卻有不同個性與喜好，當然發展與成就也就不同。

可是，我們沒有經驗時，例如繪畫、書法、廚藝、演奏樂器，我們免不了用名人作品臨摹，我們演奏大師的作品。當我們開始熟悉運作模式，就應該發展出個人特色。

如同我常常強調的，喜歡寫作，頂多上一期寫作課，否則你學到的都是老師的技巧，卻不是你的個人體會。試問，以前沒有寫作班，還是有許多傑出作家啊！他們跟誰學的？還不是自己揣摩、歷練的。

展現個人特色

你要如何展現特色？那就是除了個人才華，還要加入你的生活經驗和情感，然後融會貫通。舉例來說，全世界有不少歌唱比賽的節目，可是，蘇珊大嬸、保羅帕茲，都是貌不驚人，卻以驚人、感人的歌藝，在網路上贏得無數的「讚」，以及出版專輯的機會。這就是他們懂得顯出自己的與眾不同。

蕭敬騰當初參加超級星光大道，擔任挑戰者，表現超越聲勢高漲的楊宗緯，我當時就下斷語，蕭敬騰一定會大紅，我若是經紀人，一定立刻簽下他。果不其然，他如今紅遍亞洲。就是因為他的特色鮮明，歌壇找不出第二位。

創造自我價值

我很反對用仿冒包，明明就是假的啊！如果你喜愛這個牌子，買不起，就該自己存款買真品！何必虛榮的用假包包、穿仿冒衣。正如同你一定不喜歡聽到有人說，「你好像某某某喔！」你只想做自己，而不是別人的影子。所以，想想看，你擁有什麼才華是別人沒有的？

美國的老牌公司3M，已經有一百多年歷史，卻不會倚老賣老，依然不斷推陳出新，甚至公司在研發新產品上編列不少預算，才能屹立不搖。

只要有價值就不會被取代

這個世界進展快速，AI人工智慧上市後，很多行業都擔心自己被取代，你會有這種恐懼嗎？那就要未雨綢繆，提早做準備，提升自我價值。

記得我在《新女性》雜誌擔任總編輯時，遇到臺大、政大畢業的同事，我就會緊張，擔心自己被超越、被取代。後來老闆提醒我，「你有自己的特色，那是別人沒有的，即使他們學歷高，你怕什麼呢？」

所以，我在新女性雜誌社做了十七年，直到癌症辭職為止。我在位期間，該雜誌創下極高的銷售紀錄。

要有自信，你一定擁有與眾不同之處，只是暫時隱藏未現。別人往往是我們的鏡子，如果你不確定自己到底有何本領，可以請教比較了解你的同學、師長或父母，仔細傾聽他們的意見，甚至是對你的批評。別人批評你，無論是否出於善意，那都是你改變的契機。你知道自己有何缺點要改進，有何優點應該好好發揮。

第44招

旅行讓你的世界大不同

你想看到的是井底之蛙的小天空，還是自在翱翔的浩瀚世界？

無論是爸媽帶我們出遊，或是校外教學，都可以讓我們認識生活之外的世界。有人卻喜歡宅在家裡，打電動，活在虛擬世界裡。一輩子足不出戶，的確是沒什麼關係。但是，你的生活就少了開創性、突破性。若不打開門走出去，怎麼聞得到花香、感受到風的吹拂？

麗娟的生活很單純，學校、安親班、補習班、家裡，在幾個固定地點走動，任何超出這個範圍的活動，她都不愛參加。野餐？蚊蟲太多。郊遊？會晒黑。浮潛？淹死怎麼辦？

暑假作業規定要寫海邊戲水、登山健行、或是野外露營等戶外經驗，對她來說，真是很大的煩惱。為了交作業，麗娟只好上網看看別人怎麼寫的？然後東抄一點、西摘一點，變成自己的暑假作業。

沒想到，她抄的內容太精采，老師作主幫她投稿，結果遭到檢舉，這下子，真是糗大了。

郊遊旅行到底有什麼好？

你可以享受到大自然的美好與變化，可以跟不同的人接觸，到陌生地面臨的挑戰，更可以開啟你的應變能力。最主要的是，你的生命有了新的刺激，激盪出許多漣漪，遇到困難，你就不會害怕。

二十世紀最偉大的科學家——愛因斯坦，青少年時期就很愛旅行，只要遇到放假，他就會找機會去他沒去過的地方，然後寫信跟朋友分享他的體驗以及新的發現。這些新元素的刺激，激盪出他更多的發想。

如何開始郊遊旅行？

你可以從地點及交通工具來計畫，你是要走路、騎單車，還是搭火車？或是認識住家周遭環境及自己居住的城市，還是環遊臺灣全島？都要先確定。

如果你沒有出過遠門，建議你用走路認識住家附近，利用搭公車認識你居住的城市，然後再遍及全島各城市鄉鎮。若是出國旅行，可就近到香港，他有不同交通工具讓你體驗，包括渡輪、地鐵、巴士、纜車、火車。

若有機會出國旅行或做交換學生或遊學，只要家裡經濟能力允許，也可以盡量爭取。

認識世界的好方法

認識臺灣，可以從各鄉鎮的地名來源、風景區的特色、著名的土產和地緣關係等開始。當然，也可以自行設定主題，以國家公園、博物館、中央市場、老屋古宅等，逐一開始。

若是走出臺灣，也可以按照自己的興趣及預算，參加旅行團，或主題式旅行，例如河流，倫敦泰晤士河、巴黎塞納河、阿姆斯特丹運河……，或是湖泊，美國五大湖、英國湖區、奧地利薩爾斯堡湖區、中國杭州西湖……，或是博物館，埃及博物館、大英博物館、羅浮宮……。

拓展你的眼界與胸懷

喜歡逛跳蚤市場的我，曾經聽人說，全世界最棒的跳蚤市場在紐約，事後證明並非如此，因為那個人還沒看遍全世界其他的跳蚤市場。

除了拓展眼界，更能感受人生，我曾去過澳洲沙漠的艾亞斯岩，他是全世界最大的單一岩石，我因為體力不佳，無法登頂，只好停下腳步歇息。當我眺望周遭荒漠，突然有了更深的體會，我們一輩子想登高，卻忘了享受過程的美好啊！我終於為此釋懷，並且改變自己的旅遊態度。所以，旅行的目的雖然重要，過程更重要啊！

想想看，你到底怕什麼？怕花錢、怕陌生、怕語言能力不佳？找出原因，勇敢克服他。只要開始旅行一次，你就能嘗到其中的好滋味。

你可以先挑戰自己，獨自拜訪外縣市或外國的親戚家。當然，出發前先要做好充分準備，例如預算、路線、交通工具、安全措施，萬一迷路怎麼辦？

然後，出發！

第45招

適合的裝扮為自己加分

從頭到腳的搭配，不需要花大錢，也能讓你美（帥）到不行。

同樣的髮型、服裝，放在不同的人身上，就有不同的感覺。有的人帥爆了，有的人卻醜呆了，這該怪你的長相嗎？當然不是，那是因為你選擇的裝扮適不適合你，所造成的結果。

小康生長在富裕人家，吃穿不缺，每次在眾人面前出現，全身上下都是名牌，可是卻給人老氣橫秋的感覺，失去該有的天真無邪。即使學校郊遊，他也是襯衫、領帶、皮鞋的正式穿著。

有一天他在學校上體能課時，不小心掉進爛泥巴裡，老師只好將究著給他穿了其他衣服。小康回家後，媽媽看到他的模樣，嚇得驚聲尖叫，「你……你怎麼穿成這樣？」

小康好奇的回房間照鏡子，看到自己溼髮、褪色T恤、破短褲的模樣，反而覺得挺不錯的，反應跟他媽媽完全不同。

服裝還有什麼用途？

衣服的發明是為了保暖、遮蔽身體，也是一種文明的表徵。可是，自從出現服裝設計這個行業，裝扮就有了另一層意義，那就是「美觀」。

服裝會說話，他說出你的個性、喜好、價值觀、審美觀，以及你希望給別人的印象，怎能不慎重？

所以，選擇「適合」的裝扮，可以幫你強調優點，掩飾缺點。舉例來說，臀圍大的我不敢穿長褲，後來才發現，只要避開太貼身或是過寬的喇叭褲就可以，而且我都以黑色為主，其他顏色怎麼穿都不配。

從小開始學習服裝搭配

小時候，多半是爸媽幫我們搭配衣服，漸漸長大，你可以嘗試自己挑選做主。剛開始難免會失敗，這樣才能漸漸找出適合自己的型啊！

同時還要懂得看場合裝扮，這是尊重別人、看重自己的表現。千萬不要爬山時穿紗裙、看球賽穿高跟鞋、上臺領獎穿藍白拖……。我去巴黎羅浮宮參觀時，就看到臺灣觀光客穿縷空紗裙、高跟鞋，踏在地上「叩叩響」，引人側目。旅行應該盡量輕便，別穿得好像赴宴。

如何挑選適合你的服飾？

服飾裝扮包括從頭到腳的髮型、服裝、配件、鞋襪，你都要懂得選擇。慢慢長大，任何場合、身分，都難不倒你了。不妨這樣做——

跟大自然學習：上帝創造的紅花綠葉、斑馬、蝴蝶、瓢蟲……，他們的顏色圖案多調合美麗，許多設計師的靈感也都來自大自然。

跟你的整體感要搭配：你的個性、膚色、身材等組合成你，所以服裝也要搭得上你，穿出你的獨特品味。日本原宿街上，不少男女的髮型、裝扮大同小異，因為他們一味追流行，卻像滿街走著複製人。你可不能這樣。

從嘗試中尋找適合造型：多試穿幾次，用手機拍照，正面側面背面都要拍，傳給親朋好友看看，哪種適合你？也可以透過電腦繪圖，幫自己搭配服裝。選髮型，可以藉助假髮來測試，或多試幾位髮型師。不要迷信名牌，價廉也可以物美。

捨棄不適合你的裝扮：再貴再喜歡，只要不適合，就要忍痛割愛，送給適合的人。請牢記基本原則，胖腿，不穿迷你裙；過瘦，不穿深色衣；豐滿胸部不穿前胸大圖案或荷葉邊的上衣。

參考服裝雜誌或名家意見：閱讀服裝書籍，或藝人的穿搭，揣摩出其中竅門。曾經有個服裝專欄，刊登街頭路人照片，再請設計師評分他們的服裝，讓讀者了解，裝扮的錯與對。其中提到女生穿白長褲要小心，別透出內褲顏色圖案和形狀，很不雅。尤其是胖的人，穿著窄小的低腰內褲，勒出一坨坨肉，真不好看。

家裡最好有一面全身穿衣鏡，可以從頭照到腳。除了到校穿制服，平時穿便服出門，不妨多試幾種搭配裝扮，然後用手機拍下，就知道哪種適合你。穿出門後，任何意見和評語，都作為改進的參考。掌握竅門後，就能以最快速度裝扮、出門，更不會亂買不適合的衣服。

第46招
融入團隊生活不做獨行俠

個人單打獨鬥的時代已經過去，想要發揮戰力，就要懂得團隊合作。

現在家庭孩子生得少，朋友可以替代手足的缺乏，讓你不致孤單，需要幫助時，有人可以伸出援手。

只是，有些人習慣獨處，討厭跟別人配合，像個獨行俠般獨來獨往，這樣到底好不好呢？

志軒、志轅兩兄弟的個性差異大，志軒喜歡單獨行動，志轅到哪兒都喜歡黏著哥哥。所以，志軒每次出門，想盡辦法不讓志轅知道，若不小心被發現，志轅就會大鬧，媽媽也跟著起鬨，罵志軒不愛弟弟。

「你為什麼長不大？什麼都要跟著我。」志軒氣壞了，他渴望享有個人時間。

志轅哭鬧不休，「我不敢啊！我會害怕，我要跟哥哥在一起。」

為了擺脫弟弟，志軒選擇到外地念大學，志轅整個崩潰，望著志軒的背影遠去，他的世界幾乎粉碎……。

為何喜歡獨來獨往？

最主要的原因是不想受拘束，尤其是從小沒有私人空間的人，更會如此，例如姊妹或兄弟住同個房間，想要隱私卻不可得，於是，就希望有一天可以掙脫牽絆，獨來獨往。

當然，若是家中獨生女或獨生子也會如此，因為習慣獨處，不想委屈自己配合別人，希望任何事自己做決定。

我是家中老大，下有兩個妹妹，所以每次出門逛街、看電影，媽媽都要我帶著妹妹同行。一方面妹妹很愛哭，常常撒賴，而且帶著她們，既要照顧她們，還要注意她們安危，我的行動怎麼可能自由？

參加團隊生活可學到什麼？

為什麼一棵樹有許多樹枝？因為可以幫忙吸取更多營養和水分，樹木才能長得高大。我們有兄弟姊妹，就是遇到困難時，可以彼此扶助。就像基督教會裡，彼此稱呼對方為弟兄、姊妹，好像一家人，就是這個道理。

每個人都有盲點，有了同伴，可以集思廣益、眾志成城，甚至學會包容與體諒落後的同伴。說不定，下次遇到他擅長的項目，就要靠他來幫助你了。

現今是一個講求團隊的時代，單打獨鬥已經過去。進了大學或工作職場，幾乎都是小組行動，彼此貢獻點子創意，攜手完成目標。如同登山、探險或是遠征隊伍，若能彼此互助，就能順利達成任務，否則就可能發生危險。

在團隊生活中享受片刻自由

當然，喜歡無拘無束的人，也可以在團隊生活中，享受片刻自由，偶爾單獨行動，卻跟團隊保持聯絡。

喜歡自助旅行的我，參加旅行團時，就會利用自由活動的時間，拿著地圖，獨自探索，甚至只是坐在路邊，喝杯咖啡，想心事，也覺得很快樂。

所以，團隊生活不是要你完全失去自己，而是在團隊與自我之間，取得平衡，截長補短。

從幼兒園開始，就有各種課程設計，讓你適應團隊生活，藉由教室裡的許多學習區：故事區、拼圖區、繪圖區、美勞區、烹飪區……，讓你跟不同的同學一起玩耍。隔陣子再更換不同的人同一組，訓練你跟不同的人相處。所以，國小國中之後，要繼續參加社團活動或是營會，學會集思廣益，達到最高效益。

第47招 改正錯誤的飲食習慣

體重過重已經是許多人的困擾，飲食不均衡和缺乏運動，是最主要的原因。

對食物的喜好，幾乎是天生的。即使是同個家庭的兄弟姊妹，也各有所好。若為了營養健康，就必須藉著後天調整，改變挑食、偏食或暴飲暴食的習慣，以免年紀輕輕，就全身是病。

志偉從小挑食又偏食，不吃青菜，嫌它有怪味；不吃酸的水果，特別喜愛甜食，如果不給他糖吃，他就拒絕吃飯。牛奶、豆漿都不愛喝，卻愛果汁和可樂。

爸媽只有他一個孩子，只要肯吃，至於吃什麼，爸媽都不在意，所以志偉從幼兒園一路胖到國中，體重高達八十幾公斤，而且有愈來愈胖的趨勢。

直到他有次體育課昏倒，怎麼也站不起來，救護車把他送去急診室，驗血驗尿照X光，才發現志偉的許多指數都不正常……。

你跟食物的第一次親密接觸

你的第一次食物是母奶或牛奶吧？斷奶後，開始接觸各種食物，起初是爸媽挑選的，慢慢的你有了自己意見，有些幼兒園的孩子就會自己點菜了。

這時開始顯現出你的個人喜好，若是飲食均衡，也不挑食偏食，只要控制量的正常，問題都不大。就怕是偏愛某種食物，或是食量驚人。

你若知道糙米比白米營養好，雖然不易入口，多吃幾次，也就會習慣。千萬不要因為個人喜好，就拒絕它。

害怕某些食物怎麼辦？

害怕，一定有原因，就像有人怕黑，以為有鬼躲在暗處。

害怕陌生食物，是因為沒吃過，擔心不好吃，或是模樣奇怪不喜歡。有人害怕圓形食物，例如湯圓、貢丸、獅子頭，他都不吃，因為曾經被月亮嚇到。有的人不吃肥肉，覺得噁心（我就是）。有的人不吃苦瓜、榴槤、臭豆腐、豬血糕……都各有原因。

找出原因，再對症改善，例如青菜、水果、豆類，其中的營養對身體好，雖然不喜歡，但至少可以偶爾吃，或是想辦法改變烹調方式，把青菜、紅蘿蔔切碎，放進蛋裡，蒸蛋或煎蛋都比較可口。

我之前也不吃苦瓜，後來吃過鹹蛋苦瓜及油燜苦瓜，就覺得挺好吃，甚至還會主動點苦瓜這道菜。

說也奇怪，一旦對健康的食物能夠開放心胸，你對處理其他不討你喜歡的事情，態度也會改變呢！

不要情有獨鍾某種食物

偏食或不節制，都是讓人頭痛的壞習慣。如果小時候父母縱容，長大要改過來，非常辛苦，萬一長得過胖，還得看醫生。但畢竟健康是自己的，嘴也長在自己臉上，與其怨怪父母，不如自己提高警覺。

尤其甜食、炸食等不健康食品更恐怖，諸如巧克力、冰淇淋、糖果等甜食，吃了很容易上癮，油炸食物吃起來香噴噴，也讓人躲不過誘惑。只要愛上了，又不節制，後果可想而知。要知道，甜食吃多，易躁動，癌細胞也喜歡糖分。炸食若使用不好的油，或是天天吃，你的胃和腸很可能生病。

只要飲食均衡、保持良好運動習慣，就能邁向健康道路。即使面對考試壓力，也有本錢接受挑戰。

如何節制不正確的飲食

為了杜絕食物誘惑，你要提醒自己，放學不經過飲料店、麵包店，拒去吃到飽的餐廳，不吃宵夜，尤其是泡麵或鹽酥雞。

每週記錄你吃過的禁忌食物，是否超量？下週立刻改善。同時養成秤體重的習慣，不讓自己過重或體脂超量。

第一步就是改變烹調方式，即使外食，也能避免健康受損，那就是多吃煮的、蒸的、川燙的食物，也就是吃滷雞腿，不吃炸雞腿；吃燙青菜，不吃炒青菜；吃蒸魚，不吃煎魚……；吃雜糧飯，不吃白米飯。

此外，養成每天喝水（不是含糖飲料或果汁）的好習慣，早晨起床或進餐前空腹時飲用，對健康最有利，促進新陳代謝，也可以避免肥胖。

遠離狼群避免受騙上當

人心難測，即使我們不害人，還是有人圖謀不軌。保護自己，是叢林的生存法則。

你向來以誠待人，不喜歡說謊騙人，偏偏卻遇到一堆騙你的人，不是裝殘廢在路邊乞討，就是不斷接到詐騙電話。結果受騙上當，不勝其擾。雖然我們沒有害人之心，卻必須要有防人之心，以免受傷害。

心地善良的小韻，從小最愛聽「狼來了」的故事，提醒自己不可以說謊騙人，要不然就會被大野狼吃掉。加上她爸媽管教嚴格，她凡事更是小心謹慎。偏偏她把每件事都當真，即使同學開她玩笑，她也信以為真。每年愚人節，她更是經常被騙，氣得大哭。

某天放學遇到機車騎士，跟她說，「我爸爸重病，要趕回南部，身上沒錢加油，你借我一百元好不好？我的朋友就在前面兩條街上班，加完油，我就去跟他拿錢還給你。」

於是，她借了一百元給他，還傻傻地坐上對方機車。幸好在紅綠燈前遇到媽媽，才沒有受騙受害。

騙子為何那麼多？

為什麼臺灣是詐騙集團的天堂，就是因為我們太好心了，只要看到可憐人士，或是發生地震等不幸事件，就會有很多人捐錢。

再來就是歹徒經驗多了，了解善良的我們的弱點，很容易就騙到手。例如那些渴望愛情的男女，最容易上帥哥辣妹的當，把自己的辛苦積蓄送給別人。

只要我們不給騙子機會，騙子騙不了，自然就會慢慢減少。

如何辨別誠實與謊言

騙子可能存在我們周遭，伺機行騙，我們就要懂得提高警覺，防止自己被騙，即使是同學、朋友也不例外。

《聖經》提醒我們，要馴良像鴿子，也要靈巧像蛇，也就是說，要有善良的品行，但是也要懂得靈巧的保護自己，苗頭不對，走為上策。

你如果跟他面對面，就注意他的聲音和眼神，眼光閃爍，聲音不自然，就有問題，盡快想辦法離開他。

再來要注意對方的說話內容，是否前後矛盾？你可以多問他幾個問題，聽聽他怎麼說，說多了，他很容易就會露出馬腳。同時，他如果動不動就跟你要證件要帳號要電話號碼，或是提到跟錢有關的話題，也很有問題。

要懂得遠離狼群

每個人都有自己的弱點，只要是你對付不了的，最好立刻離開，別搭理對方，

例如那個借錢的機車騎士，他應該去找警察局幫忙，而不是跟學生的你借錢。

同時，不要太過自信，以為自己可以處理。也不要以為給他一次，他就不會來找你。那是大錯特錯，他會食髓知味，只要沒錢，就來找你要，例如校園霸凌。

從失敗中記取教訓

上一次當，學一次乖，是真的嗎？偏偏有的人就學不乖，不斷吃虧上當受騙。所以，你只要覺得怪怪的，就要提高警覺。

同學或朋友借錢，要確定他是否真有急需，他會還你錢嗎？多久可以還？不還的話，可以跟他爸媽說嗎？記住，一定要請他寫借條，作為憑證。

捐款時要確認用途，以及處理捐款的機構是否沒問題？

我旅行到法國里昂時，遇到烏干達黑人正在募款，他說只要美金十元作為捐款，我就相信了，把錢給了他。到了下一條街，就看到這位黑人買了酒在喝，還指著我跟他朋友炫耀，似乎在說我很好騙。你說氣不氣人？

避免上當受騙，就是千萬不要露出你的弱點，讓別人知道你很好騙。打定主意就是不借錢給同學、朋友。同時，要再三求證，對方說的話到底是真的還是假的？更重要的是，每個人都有盲點，別人善意提醒要接受，若是派出所的警察，郵局或銀行的辦事員提醒你可能被騙了，你就要相信他們的專業判斷。

戒掉壞習慣養成好習慣

我們多少都會有些壞習慣，只要懂得及早脫離掌控，才能擁有快樂生活。

每個人對壞習慣的標準或定義不同，實在令人不能了解，例如形象藝人勸大家要戒菸，你爸爸、叔叔卻吸菸，而且菸酒公司也出售香菸啊！別管別人怎麼做，要看這個習慣會不會影響你的人際關係，或是傷害你的身心靈健康。

小瑛是個非常熱心的人，只要同學有任何需要幫助的事，她就義不容辭，立刻排除萬難，趕去幫忙。為此，大家也就不太計較小瑛愛遲到的壞習慣，沒想到，如此縱容她，小瑛卻變本加厲。

某次幾位同學約好暑假環島旅行，火車出發前半小時，大家都到齊了，獨缺小瑛，打手機給她，她說已經在半路。直到火車快要開了，小瑛依然沒到。她才說出真話，「我睡過頭了，你們先出發，我到臺中跟你們會合。」

結果小瑛非但沒趕到臺中，而且全程都沒參加，同學跟她要車票錢，她竟然說，「我根本就不想去，是你們硬要我參加的。」氣得這幾個同學要跟她絕交。

哪些才算是壞習慣壞毛病？

只要是會內傷（傷到自己）、外傷（傷到別人）的行為都算在內。例如年輕人票選最幸福的事就是「睡覺」，卻不能因為睡覺賴床而錯過約會、錯過考試。

所以，遲到、說謊、賴床、不守信用、吝嗇、愛吹牛、愛抱怨……這些都算是壞毛病。久了，就會變成壞習慣。

至於吃檳榔、吸菸、喝酒、沉迷電玩……都會傷害你的身體，或許短期間看不出來，長此以往，健康照樣會被奪去。

而賭博、吸毒……更可能讓你萬劫不復，深陷其中難以自拔，染上酒癮、賭癮、毒癮……之後，許多人因此賠上年輕的生命。

壞習慣處處惹人厭

有些壞習慣影響你的人際關係，你可能不自覺。例如愛吹牛，總有一天被識破牛皮，你說什麼大家都不信；例如常常遲到，朋友就不喜歡約你；不守信用，大家不敢跟你打交道；至於吝嗇的人，只會占別人小便宜，次數多了，你想誰會找你聚餐、玩耍？

久而久之，你的人際關係不佳，惡習養成後，更是改不掉。畢業進入職場，才東怪西怪，沒人給你機會，卻不知道自己有多討人厭。

下定決心戒掉壞習慣

如果你身邊的人，時常露出嫌惡的表情，可能是不愛洗澡洗頭髮的你，身上有異味；也可能是愛吸菸喝酒的你，有了嚴重口臭。

演出電影《天生一對》而走紅的女星琳賽蘿涵，就是因為酗酒、吸毒，毀了原本看好的星途，從一個小可愛，變成過街老鼠。

所以，請你下定決心，說到做到，最好請好同學或輔導老師提醒你，也請家人幫助你。起初的時間最難熬，為了美好未來，為了愛你的人，一定要堅持下去。

讓好習慣成為你的好朋友

戒除壞習慣之後，就要開始讓好習慣伴隨你。少抱怨、多讚美。不要總是挑剔別人，而要多多肯定、讚美別人，常常說好聽的話，如同《聖經》上說，「你要保守你心，勝過保守一切，因為一生的果效都是由心發出。」

少罵人，多說謝謝。謝謝爸媽，謝謝老師同學，謝謝警察，謝謝賣飲料給你的人。正面的思維，可以讓我們和顏悅色。

我曾經試著這麼做，不但同情對方，也為對方禱告，說也奇怪，每天臭臉的警衛，竟然也會笑臉迎人。

有效跨越障礙

先挑一樣你認為比較容易改掉的壞習慣，想辦法戒除，看看你花了多少時間戒除？有多少人注意到你戒除了這個壞習慣？請他們告訴你，你前後的改變。

同時，找一件你做得到的好習慣，例如跟所有的公車司機、校車司機說謝謝，或是看到救護車經過，就為車上的病患祈福禱告，你會發現自己愈來愈可愛呢！

第50招 選擇一條適合你的道路

每個人的恩賜才華不同，選對路，你的生命可以做最有效的發揮。

你的出身或家境，或許對你有些影響。真正會影響你的未來，是你的個性、才能，以及付出的努力。

只要找到方向，你的人生就有了意義。最怕的是人云亦云，隨波逐流，甚至消極的自認一無是處，那麼，你很可能會一事無成。

立維自小喜歡烹飪，當媽媽在廚房忙碌，他會搬個小板凳，坐在媽媽腳邊，聽媽媽說故事，幫忙打蛋，或是撒鹽巴，甚至洗米。

再大一點，立維會幫著把花椰菜剝成一小朵一小朵，然後扔進鍋裡。又大一點，他會跟著媽媽學包餃子，還會出主意給媽媽，要怎麼包，會更漂亮更結實。

小一那年暑假，立維學會用麵包機做麵包，煮泡麵、煎荷包蛋，還有，炒青菜……。就這麼一年年過去，立維要考高中了，全校排名前十名的他，跟爸媽說，「我想考高職，念餐飲管理，還要去學法文，以後要去法國學餐點……」

這跟爸媽的計畫完全不同，他們用力反對，立維則以絕食抗議。

如何選擇未來道路？

我們的未來到底要聽爸媽的還是自己的？

最好是從你的個性著手，先了解自己，再尋求志趣。心理學家蓋瑞史邁利和約翰荃特曾以四種動物的特性來描述人類的特性，你看看自己是哪一種？

第一種：具有領導能力、能當機立斷的獅子型，但要學習謙卑與團體討論。

第二種：熱情、善交際的海獺型，要小心別過於情緒化，要務實一些。

第三種：有耐心、善於與團隊相處的黃金獵犬型，但太優柔寡斷、容易妥協，要學習拒絕不合理的要求。

第四種：則是善於分析、注意細節的海狸型，但要小心別太挑剔批評，或是過於完美主義。

你可能兼具上述一兩種個性，或是混合型。先了解自己，再看看你從小的興趣，以及老師、父母給你的評語，從而明白自己的才華傾向。你可以按照才華找工作，讓興趣成為你的副業或第二專長。

討好自己或是別人？

當你開始可以自己選擇時，例如升國中、高中或大學時，你都要問問自己，這是你要的志願嗎？每個人生轉折點，都是一個關鍵時刻，或許轉彎錯了，只要及時回頭，還來得及。有人念了醫科，也當了醫生，可是他喜歡寫作，後來成為醫生作家，這不也很美嗎？

臺灣名廚也是世界名廚的江振誠，因為喜歡，十三歲開始到飯店打工學料理，高中念餐飲管理的他，有了希爾頓和亞都麗緻工作的經驗，加上他的勤奮，雖只有高中畢業的學歷，二十歲就當上西華飯店法國餐廳的主廚。二十三歲那年，一句法文也不會，就勇敢飛往法國學料理。

他贏得無數的獎項，他在餐飲界的評價也達到顛峰，就是憑著他的熱情與努力不懈，因為他知道自己追求的是什麼。所以，你也要清楚自己的志願。

做讓你快樂的事

如果你勉強迎合別人，去做一件事，遇到困難，你很容易抱怨，「都是某某某要我去做的。」若是你自己的選擇，再苦，你都能堅持下去，

像我從事寫作數十年，都是「眾人皆睡我獨醒」，每天的睡眠時間不多，同學、同事出去玩耍，我在家裡筆耕，我從未抱怨，因為我喜歡寫作。

所以，只要你想到這件事，例如唱歌、跳舞、考古、做實驗或是救治病人，你都會一躍而起，快樂出門，這就對了，這就是你的興趣，你熱愛的事情。

有效跨越障礙

去參觀你嚮往的學校，鼓勵自己考進去。去你夢想遊玩的國家城市，看看吸引你的是什麼？加入你想參與的行業打工，了解這個行業是否適合你？抓住任何機會去實習，即使沒有薪水也沒關係，只要可以學到新事物、累積新經驗都好。

進入社會之前，你就累積了無數經驗，使你更快投入職場，讓你的才華發光發熱。

懂得排遣孤單

孤單卻不寂寞，是每個人都要學習的，只要不害怕孤單，你才能快樂獨處。

每個人一生中，難免有孤單的時刻。沒有弟弟妹妹跟你玩，爸媽永遠忙不完，找不到對象結婚。即使你有兒有女有伴侶，他們也可能先後離你而去。所以，愈早開始學習排遣孤單、對抗孤單，你就不會被寂寞打敗。

林曉常常獨自在家吃飯、洗碗、寫功課、洗澡、睡覺。她的爸爸是個監工，必須隨著建築工地四處遷徙，偶爾才會回來相聚。媽媽則擔任臺商的管家，只要男主人回國，媽媽往往忙到半夜。

林曉習慣吃泡麵，或是剩菜剩飯，晚上則帶著功課去便利商店讀寫，至少有人陪她壯膽。

某次颱風來襲時，她正在寫功課，整棟大樓突然停電，一片漆黑，她找不到蠟燭或手電筒，嚇得大哭。勉強摸索到大門口，把門打開，對著樓梯口繼續哭泣，任憑蚊子叮咬她的腿她的手臂……。

孤單是什麼感覺？

孤單，就是你只有一個人，呼天不應求地也不靈，彷彿你被拋棄在荒島，四周空無一人。接下來，慌張、恐懼瀰漫整個心靈，好像隨時會被死亡抓走。

你即使在屋裡走來走去，開亮屋裡所有電燈，打開電視或音響，依然趕不走孤單帶給你的恐懼。讀書，讀不進去；寫功課，也寫不下去；洗澡，你也不敢。你好希望趕快出現一個人陪伴你，你就像快要溺水的人，好需要抓住一塊浮木。

孤單時可以做什麼？

孤單時，你不妨去做會讓你專心的事，例如打電動、看影片（千萬不要看恐怖片喔！）或是打電話和朋友聊天。但是，這不是長久之計，沒有人可以天天陪你聊天，過於沉迷電玩，你也會上癮。

你最好選定一件喜歡的任務或嗜好，利用孤單時去做，譬如整理房間、處理手機裡的照片或信件、讀小說故事，當你沉浸在其中，恐懼或心慌就會慢慢退去。

讓孤單變成你的朋友

我讀中學時，因為北一女的課業繁重，周末時不可能跟著媽媽和妹妹到處去玩，待在家裡的我，就利用時間整理剪報，享受自己製作的水果拼盤，聽著喜愛的音樂，一個上午很快就過完了。

有了這個經驗，我學會自己逛街、看電影或是旅行，享受無牽無掛與自由自在的獨處時光。

一旦你懂得排遣孤單時刻，就不致被寂寞吞噬，不管是獨自輪值、出國求學或做研究，你都不會害怕了。

跟獨居老人學習

你周遭是否有些獨居伯伯或阿姨，因為兒女在國外，或是他的老伴過世了，可是，他卻過得很充實快樂，從不曾聽他說好孤單好無聊。

你不妨請教他們，如何排遣孤單？他一定是興趣廣泛的人，他種花、學唱歌、打拳運動、擔任志工、他的時間排得滿滿的，怎麼會孤單呢？

可見得從小培養興趣和嗜好，是很重要的一件事喔！

如果你覺得孤單寂寞，一定要說出來，讓別人幫助你，例如生命線的張老師，或是學校或教會的輔導。接著，跟他們分享你孤單時的感覺，以及你最喜歡做的事情，然後，嘗試用這件事填補你的孤單時刻。

第52招

只要盡力不要有壓力

在壓力打敗你之前，你要找到轉換壓力、紓解壓力的方法。

每個人免不了都會有壓力，學生最常見的壓力主要來自課業、人際關係和家庭，如果處理不好，影響整個成長過程。有人將壓力變成動力，有人想辦法轉移壓力，有人卻在壓力下屈服，什麼事情都做不好。

逸如最近掉頭髮的情況十分嚴重，洗頭時掉髮、梳頭時掉髮，甚至早晨醒來，枕頭上也是一大把落髮，嚇得她趕緊去看皮膚科醫師。醫師檢查後，判斷她的頭皮沒有問題，很可能是壓力太大，或睡眠不足引起。

因為逸如的媽媽高燒不退，甚至昏睡，住進加護病房，她白天要上課，只能下課後去看媽媽，擔心媽媽隨時會有狀況，每晚睡在陪病家屬的窄小休息空間，睡不好也吃不好。

龐大的醫藥費，也是壓力，她只好去找離婚的爸爸，爸爸也跟她哭窮，隨便塞個三、五千給她，就打發她。她獨自坐在校園裡，啃著白饅頭，暗自哭泣，希望上天保佑媽媽早日痊癒，否則她真的快要撐不下去了。

率先找出壓力來源

每個人的壓力源不同，對你來說，何事會造成你的恐懼不安、失眠或睡不好、食欲不佳或消化不良，甚至掉頭髮、狂長痘子……，這些都是壓力造成的症狀。通常是你不擅長或你最在意的事情，卻又超過你的能力，就會給你壓力。

有個男生活潑好動，幼兒園時很討老師喜歡。誰知他進了私立小學，因為老師流動率大，加上每年級都重新編班，導致他六年換了六位老師，他無法讓老師認識他，也無法跟老師維持好關係，以致各種身心症狀況都出現，滿臉痘子幾乎沒停過，讀書成績也是每況愈下。當他小學畢業後，這些症狀卻都不藥而癒，這才知道是換老師造成他心理不安，同時私校的課業壓力大，也是原因之一。

學習讓事情一樣一樣來

會被壓力所傷的人，壓力愈大，他愈急著搞定所有事，結果愈弄愈糟，壓力更是賴著你不走。

所以，你要放慢速度，例如考試，能讀多少算多少，考不好沒關係，只要盡力了，下次再努力。千萬別變得對讀書倒盡胃口，甚至放棄而蹺課逃學。

新到班級交不到朋友，也別太急，每次認識一個人，記住他名字，跟他聊天，知道他的喜好……。

《聖經》上提醒我們，一天的憂慮一天就夠了，不要為明天擔心，明天自有明天的憂慮。你要學習先把每天的事情處理好，壓力就不會累積，才不致把你壓垮。

尋找處理壓力的方法

要懂得釋放壓力，免得壓力在你體內爆衝。也不妨學著轉移壓力，或利用壓力。請教過來人是最快的方法，例如老師、父母或學長學姊，也可以在談論壓力的書裡找答案。

唱歌、到屋頂或空曠處大喊、跟好友吐苦水，可以釋放壓力；暫時放下書本，去畫畫圖、回覆朋友的信，就可以轉移壓力；把全班二十幾位同學做成表格，列出他們的喜好、個性等，分析看看誰最可能跟你做朋友，這就是利用壓力，幫助你找到好朋友。

學會處理壓力

只要你成功解決一次壓力，把他記錄下來，下次如法炮製，可以縮短被壓力圍困的時間。

我曾經忙碌到一天有八件事情必須完成，兩天後又要出國，壓力大到無法入睡。我後來用了刪去法，把不是那麼緊要的事情往後延，或是跟對方商量，取消某個約會，終於可以做完事情，放心出國旅遊。

慢慢累積你成功處理壓力的經驗，即使進入社會工作，或開始戀愛結婚，都能幫助你從容處理壓力。

有效跨越障礙

放下，這個動作既簡單，而且有效，就像你提著很重的東西，唯有放下，才不會被重物壓傷壓垮。所以，當你覺得壓力大到無法承受時，先暫時不處理這件事，去吃冰淇淋、看電視、散步、聽音樂……什麼都好，等情緒舒緩了，再回頭處理它。

國家圖書館出版品預行編目資料

每週來點正能量：52招跨越生活障礙/溫小平著.
-- 初版. -- 臺北市：幼獅, 2018.09
面； 公分. -- (生活閱讀)

ISBN 978-986-449-117-9(平裝)
1.生活指導 2.自我實現

177.2 107009465

・生活閱讀・

每週來點正能量：52招跨越生活障礙

作　　者＝溫小平
繪　　圖＝林傳宗
出 版 者＝幼獅文化事業股份有限公司
發 行 人＝李鍾桂
總 經 理＝王華金
總 編 輯＝劉淑華
副總編輯＝林碧琪
主　　編＝林泊瑜
編　　輯＝周雅娣
美術編輯＝李祥銘
總 公 司＝10045臺北市重慶南路1段66-1號3樓
電　　話＝(02)2311-2832
傳　　真＝(02)2311-5368
郵政劃撥＝00033368

印　刷＝崇寶彩藝印刷股份有限公司
定　價＝250元
港　幣＝83元
初　版＝2018.09
書　號＝954220

幼獅樂讀網
http://www.youth.com.tw
e-mail:customer@youth.com.tw
幼獅購物網
http://shopping.youth.com.tw

行政院新聞局核准登記證局版臺業字第0143號